KB242888

한양의 비보풍수와 녹지보전정책

한양의 비보풍수와 녹지보전정책
김현욱 著
한양의 도시 형태는
궁성이 도성의 중심에 놓이지 않고 한편으로 치우쳐 있으며 궁성의 정면으로 통하는 남북 주 간선도로도 일직선이 아닌 丁자형으로 구성되어 있는데 이는 백악(白岳)을 입지의 명분으로 삼았다는 것이다.
한국학술정보(주)

차 례

서 론

I

서 론

1. 연구의 배경 및 목적

사람들은 누구나 쾌적한 환경에서 자신의 삶을 영위하기를 원한다. 서양에서의 에덴동산과 동양의 무릉도원이 이상적인 정주공간을 표현한 것이고, 이러한 이데아세계를 현실세계에 구현하고자 하는 인간의 욕망은 인류역사와 함께 계속되었다. 하지만 이상세계는 관념의 세계에 존재할 뿐 현실 세계에 존재하지 않는다. 이를 전통지리관인 풍수지리에서는 풍수무전미(風水無全美)라 한다. 그러나 풍수지리의 고전『청오경』에 <명당이라는 것은 혹은 자연스럽게 조성될 수도 있고 인위적으로 조성될 수 있다>[1]고 기록되어 있다. 이는 완벽하지 않는 땅을 사람과 환경이 조화롭게 공생할 수 있는 적지로 만들 수 있다는 것을 의미한다. 한국의 비보풍수는 도선(827-898)을 기원으로

---

[1] 草木鬱茂, 吉氣相隨, 內外表裏, 或然或爲. [註] 左右案對, 或自然而成, 或人力而爲之.

삼으며, 고려 때 성행하였던 비보풍수(裨補風水)는 그 당시 산천비보도감(山川裨補都監)이라는 국가적 관청에서 주관하여 시행한 만큼 전국토의 지형지세를 살펴서 그 부족한 것을 보완하고자 하는 일종의 '국역 조경(國域 造景)'이었다.(김두규, 2000)

600년 동안 국가의 수도로 역할을 담당해 온 한양 또한 완벽히 아름다운 땅은 아니었다. 『조선왕조실록』 기록에는 천도 당시부터 한양의 결점들이 지적되었고, 이러한 결점을 보완하고자 나무를 심고, 가산을 만들며, 연못을 조성하는 등 많은 노력들이 있었을 뿐만 아니라 금산(禁山), 금표와 같은 제도로서 법제화시켰다.

그렇다면 조선조에 있어 한양의 입지에 대한 비보풍수가 구체적으로 나타날 수 있었던 원인은 무엇일까. 『조선왕조실록』에서 나타난 한양의 입지논쟁 등을 살펴보면 첫째 하륜의 계룡산 불가론이 제기된 후 고려시대의 비기들을 유학자들이 체계적으로 연구했다는 점이고, 둘째 세종 때 경복궁 입지논쟁으로 한양 내맥과 터에 대한 조사가 이루어진 점, 그리고 마지막으로 고려의 비보풍수가 무학대사를 거쳐 문맹검, 최호원에 이르기까지 그 맥이 유지된 것이라 할 수 있다.

한편 도시는 '보전과 개발'의 선택과정 속에서 변화 발전하는데, 당시의 정치, 경제, 사회 등의 총체적인 패러다임이 선택의 기본원리로 작용된다. 비단 현대 도시뿐 아니라 봉건사회의 도시에서도 '보전과 개발'은 도시의 형성과정에서 주요한 이슈로 작용되었다.

수도로서 도시 기본구조를 갖춘 한양은 주택의 공급문제, 생활하수의 처리문제, 산림의 이용과 보전문제 등이 문제점으로 지적되었으며, 이를 해결하기 위한 다양한 노력들이 시행되어 왔다. 특히 조선시대 사회경제를 고려한다면 산림의 이용은 불가피한 것이었고 인공적인 하수처리가 없었던 상황에서 도심 내에 흐르는 하천의 오염은 매우 당연한 결과라 할 수 있다. 하지만 조선왕조는 한양의 둘러싼 내외사산(內外四山)을 보전하려는 녹지정책을 시행하였으며 하천의 정화문제에 대한 공적인 논의도 있었다.

이러한 맥락 하에 본 연구는 『조선왕조실록』에서 한양을 적지로 만들고자 했던 비보풍수의 흔적들을 재조명하고, 한양의 자연환경을 보호하기 위한 왕실의 정책을 살펴보고자 하였다.

한양의 비보풍수

한양의 비보풍수

1. 한양터의 형세와 결점

한양의 내사산(內四山)은 북쪽으로 342m의 북악산, 동쪽으로는 125m의 낙타산(낙산), 남쪽으로는 265m의 목면산(남산), 서쪽으로는 338m의 인왕산으로 이루어져 있고, 외사산(外四山)은 북쪽에 836m의 북한산, 동쪽에는 348m의 용마산, 남쪽에는 829m의 관악산, 서쪽으로는 125m의 덕양산으로 이루어져 있다. 또한 한양의 수체계(水體系)는 내부를 동서로 관통하고 있는 청계천과 한양의 외부를 감싸고 흐르는 한강이 있다. 하지만 천연적으로 좋은 입지조건을 갖춘 한양도 천도 초기부터 많은 문제점이 제기되어져 왔다.

『조선왕조실록』을 살펴보면 한양이 지니는 결점은 ① 명당수의 부족 ② 완벽히 위요되지 않은 형국(북악의 좌우, 인왕산에서 남산사이, 낙산 및 동쪽의 낮은 지형지세) ③ 수구의 공결함으로 나타났으며 이에 대한 주요 근거는 다음과 같다.

표 1. 한양의 결점

한양의 결점	내　　　용	출전 근거 (년 / 월 / 일)
명당수 부족	태조의 한양 친답 때 윤신달의 지적	태조 03 / 08 / 13
	태종의 무악과 한양터의 비교논쟁에서 유한우, 윤신달, 태종의 지적	태종 04 / 10 / 04
	경복궁 주산논쟁에서 세종의 지적	세종 15 / 07 / 27
	경복궁 주산논쟁에서 황희의 지적	세종 15 / 07 / 29
위요되지 않은 형국	최양선의 경복궁 좌우 맥 보완 건의	태종 11 / 01 / 07
	인왕산에서 남산사이의 허한 형국지적	세종 15 / 07 / 21
	청룡의 미약함 지적	문종 01 / 04 / 18
수구의 공결함	전수온의 상서	세종 30 / 03 / 08
	문맹검의 상서	문종 02 / 03 / 03

　　이러한 결점을 보완하고자 조선시대 전반에 걸쳐 조경 및 토목공사가 왕실을 주체로 하여 실행되었는데, 풍수지리에서는 비보풍수라 한다. 이러한 비보풍수는 한양을 이상적인 풍수형국으로 가꾸려는 노력이었으며, 크게 장풍형 비보풍수와 득수형 비보풍수로 구분될 수 있다.[1]

---

1) 최원석(2000)은 한국의 비보풍수 유형을 크게 용맥비보법, 장풍비보법, 득수비보법, 형국비보법으로 구분하였는데 용맥비보는 명당을 이루는 주맥의 형세와 기운을 조정하는 것이고 장풍비보는 풍수상 장풍적 조건을 보완하는 것, 득수비보는 자연수의 흐름을 풍수상 적정 조건으로 보완하는 것, 그리고 형국비보는 지형의 형국 체계에 보합되는 장치를 하는 것이라 하였다. 그러나 풍수의 고전 『금낭경』에서 風水之法 得水爲上藏風次之라고 한바 용맥비보, 장풍비보, 형국비보는 크게 바람을 갈무리하는 것이라 할 수 있으며 득수비보는 물을 얻는 법이라 할 수 있다. 따라서 본 연구에서 한양의 비보풍수는 크게 장풍형 비보풍수와 득수형 비보풍수로 구분하였으며 장풍형 비보풍수에는 주맥의 보호와 한양의 형국을 보완하려는 것을 말하며 득수형 비보풍수는 물을 얻고, 개천의 정화하는 등 물과 관련된 모든 행위를 포함시켰다. 한편 최원석은 장풍비보의 대표적인 것으로 수구비보를 포함시켰는데 본 연구에서는 수구와 득수는 풍수법상 득수법에 해당되므로 득수형 비보에 포함시켰다.

2. 장풍형 비보풍수

장풍형 비보풍수는 도성의 주맥을 보호하는 것과 내외사산의 허결한 곳을 보완하고자 했던 일종의 조경 및 토목공사라 할 수 있다. 궁궐로 내려오는 주맥의 보호는 곧 왕도와 왕권의 보호와 직결되고 내외사산의 허결한 곳을 보완하는 것은 한양의 영역성을 확보하는 동시에 산과 물에 의해 에워싸이는 중층적 위요감을 형성시키는 것이라 할 수 있다.

(1) 도성 주맥의 비보풍수

조선 건국초기부터 한양의 공간계획에 비보원리가 적용되었는데 특히 도성 안의 주요 건물 및 도성의 주맥을 보호하려는 다양한 방법이 모색되었다. 이는 고려개경에서 주산인 송악에 한정하여 소나무를 심고 송충이를 잡는 등의 노력을 한 주산비보개념에 비해 풍수적으로 심화, 발전된 개념이며 비보의 공간적 범위도 대폭 확장되었다.(최원석, 2000)

『조선왕조실록』을 살펴보면 도성 및 궁궐과 주요 건물의 내맥에 대한 세심한 노력을 기울이고 있는데 그 실례는 표-2와 같다. 주맥의 보호는 태종 때부터 실시되었고 본격적인 주맥의 보호는 세종과 성종 때에 집중적으로 나타났다. 그 후 논의가 되지 않았다가 다시 영조와 정조에 도성의 주맥이 백악과 보현봉에 대한 언급이 있었다. 성종 이후 주맥의 보호에 대한 언급이 나타나지 않았던 것은 당시 한양의 인구의 증가로 기존의 집터가 부족하게 되었고 목재나 돌의 필요량이 증가함에 따라 왕실의 보전정책이 현실성이 없었던 것으

로 판단된다.2)

표 2. 『조선왕조실록』에 나타난 주맥보호 실례

시 기	내 용	출 전 (권/년/월/일)
태 종	남산(南山)과 태평관(太平館)의 북쪽에 소나무를 식재	태종 021 11 / 01 / 07(무진)
	장의동(藏義洞) 문과 관광방(觀光坊) 동쪽 고갯길 폐쇄, 서전문 열다. 장의동에 소나무를 식재	태종 025 13 / 06 / 19(병인)
세 종	경복궁의 주산과 좌우 산맥 소나무 식재 및 민가철거	세종 039 10 / 01 / 06(기축)
	궁성 북쪽 주산의 내맥에 담을 쌓아 통로 차단	세종 061 15 / 07 / 21(임신)
	주산 내맥 보토(최양선)	세종 081 20 / 04 / 15(무진)
	정업원(淨業院) 동쪽 언덕으로부터 종묘 주산에 이르기까지 소나무 식재	세종 092 23 / 05 / 19(갑인)
	백악을 향하며 1백50여 보(步)가 되는 곳에 높은 담장을 쌓고 통행금지	세종 092 23 / 05 / 21(병진)
	삼각산, 청량동, 중흥동 이북, 도봉산 벌채 금지	세종 110 27 / 11 / 27(무술)
	장의문(莊義門)이 경복궁(景福宮)을 임(臨)하여 누르니 통행금지	세종 112 28 / 04 / 15(임자)
	경복궁 내맥에 불당 조성 반대(문득염)	세종 121 30 / 07 / 24(무신)
	경복궁 주산에 불당 건립 반대(목효지)	세종 121 30 / 08 / 04(정사)
문 종	내원 불당을 옆의 혈로 옮길 것을 상언(정안종)	문종 007 01 / 04 / 14(임오)
	장의문(藏義門) 통행금지	문종 012 02 / 03 / 03(병신)
단 종	주산의 내불당 철거 건의(문득염)	단종 002 00 / 07 / 06(정유)
	주산의 내불당 철거 건의(이승윤)	단종 007 01 / 09 / 21(갑술)
예 종	장의문(壯義門) 통행금지	예종 004 01 / 03 / 09(계사)
성 종	주산맥과 사산에 조성된 사찰 및 사당 철거	성종 007 01 / 09 / 26(신축)
	흥덕사(興德寺) 뒤의 고개는 창경궁(昌慶宮)의 외청룡(外靑龍)이므로 폐쇄 및 이에 관한 논쟁	성종 228 20 / 05 / 13(경오) 성종 228 20 / 05 / 15(임신) 성종 228 20 / 05 / 19(병자)
영 조	도성의 주맥의 북악의 채석금지	영조 041 12 / 05 / 13(병오)
정 조	보현봉 보토(숙종, 영조)	정조 018 08 / 11 / 17(무진)
	응봉(鷹峰) 아래 후원(後苑)의 주맥(主脈) 보축	정조 047 21 / 07 / 08(을해)

---

2) 성종조 당시 도성 안에 금지된 곳에 대한 민가철거를 감행하나 대신들의 반대로 인해 실패하게 되며 연산군조에 강력히 민가철거를 감행했으나 중종반정이후 다시 대신들의 집이 궁궐과 가까운 곳에 조성하게 되었다. 그 후 명종조에도 금지된 곳에 조성된 민가의 철거를 감행하게 되나 결국 대신들의 반대로 실패하게 된다. 이러한 점으로 볼 때 주맥에 대한 '개발과 보전'의 선택은 인구증가로 인한 사회경제사적 측면과 왕실과 신하들의 대립 관계 속에서 파생된 것이라 할 수 있다.

『조선왕조실록』을 분석한 결과 조선조 주맥의 보호는 시기적으로 세종에서 성종 때에 집중적으로 나타나고 있으며 특히 세종 15년에 있었던 '경복궁 입지 논쟁' 이후 주맥에 대한 보전논의가 활발히 이루어졌다. 또한 주맥보호를 위한 공간적 범위는 도성의 북쪽산인 삼각산, 북악산, 보현봉과 경복궁, 창덕궁 등의 궁궐과 인접한 산맥으로 나타났으며 방법으로는 소나무와 같은 수목을 식재하는 것, 민가 및 사찰 등의 건축행위를 규제하고 철거하는 것, 사람들의 통행을 통제하고 금지시키는 것, 그리고 경작, 벌목과 채석을 금지하는 것으로 나타났다. 이는 크게 소극적 방법과 적극적 방법으로 구분할 수 있는데, 소극적 방법이란 일련의 행위를 규제하는 것이고 적극적 방법은 주맥을 보호하기 위해 조경 및 토목공사를 일으킨 것이라 할 수 있다.(표-3 참고)

표 3. 주맥보호의 공간적 범위와 방법

집중 시기	공간적 범위	방 법	비 고
세종에서 성종조	1. 도성의 주맥 2. 궁궐과 인접한 산맥	문의 폐쇄와 통행금지	소극적 방법
		경작, 벌목, 채석금지	
		소나무 식재	적극적 방법
		민가 및 사찰 철거	
		주맥의 보축	

도성 주맥의 보호를 위한 적극적 방법은 소나무 식재, 궁궐에 임압한 민가 및 사찰의 철거 그리고 주맥의 보토라 할 수 있는데 이 중 가장 대표적인 것은 보현봉에 대한 보축이라 할 수 있다.

주맥에서도 가장 중요한 곳에는 관청에서 지속적으로 관리하였는데 『신증동국여지승람』에는 <만경강이 동쪽으로 굽어 돌아서 석가, 보현, 문수 등의 여러 봉우리가 되었는데, 그중 보현봉이 도성의 주맥이기 때문

에 총융청(摠戎廳)에서 보토처를 설치하고 주관하여 비축했다>고 기록되어 있다. 또한 『정조실록』 제18권 8년 11월 17일 기사에는 <보현봉은 숙종과 영조 때에도 보축하였고 정조 때에도 총융청으로 주관하여 역사를 감독했다>고 기록되어 있으며, 김정호의 수선전도에는 이를 '보토소'라고 표기하였다.

그림 1. 수선전도에 표시된 보토처

이곳의 지형을 살펴보면 성북동 북쪽으로 내려 뻗은 북한산의 봉우리 중 구준봉(拘峰)이라 하는 봉우리가 있고, 그 남쪽에는 모습이 마치 머리를 들고 사방을 바라보는 것 같다 하여 거수봉(擧首峰)이라 하는 봉우리가 있다. 이 구준봉 뒤쪽의 고개를 보토고개, 한자로 보토현(補土峴)이라 하는데 이곳은 지형적으로 잘록하며 북한산과 한양의 주산인 북악산을 이어주는 곳이라 할 수 있다. 따라서 왕실은 지형적으로 훼손되기 쉬운 곳에 인위적으로 보축하는 등 세심한 유지관리를 지속했던 것이다.

한편 도성의 문은 한양의 지리적 특성을 형성하는 주요한 요소로 작용되었는데 성곽의 내부와 외부지역을 연계시키고 도성 내부에서 간선 가로망의 형태를 결정짓는 주요 요소이다.

한성에 설치된 성문들은 각 문의 방위, 성문 설치 장소의 지형적 특성에 따라 의미, 역할, 중요도에서 차이를 보였으며, 개축되거나 위치가 변경되거나 폐쇄되기도 하였다. 특히 도성 주맥보호를 위한 소극적인 방법은 북문의 폐쇄를 통해 사람들의 통행을 금지시키는 것이라 할 수 있는데, 이에 해당하는 문은 숙청문과 장의문으로 나타났고 이로 인해 서전문이 조성되는 결과를 초래했다.

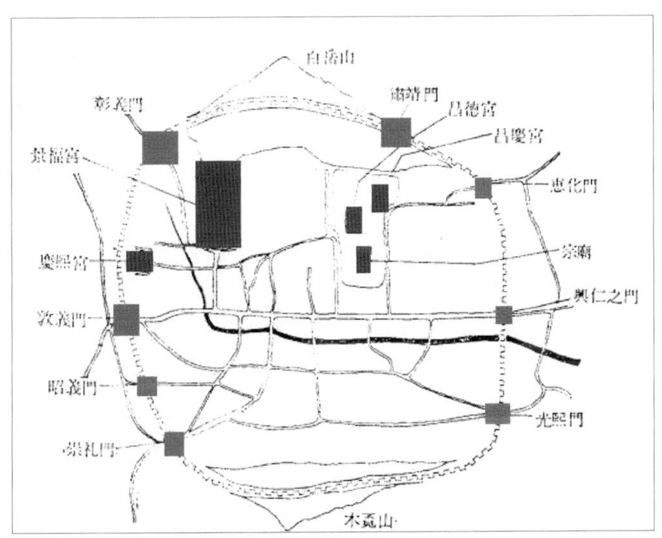

그림 2. 도성의 4대문과 4소문의 위치

최양선의 경복궁 지맥보전을 위한 건의로 태종 13년에 건립되었다는 서전문(西箭門)3)은 『태종실록』에 다음과 같이 기록되어 있다.

---

3) 태조 5년(1396)에 도성의 서쪽에 대문으로 건설되었던 돈의문은 태종 13년(1413)에

「태종이 의정부에 명하여 새로 서문을 세울 만한 곳을 찾아보게 하였는데 안성군 이숙번(李叔蕃)의 집 앞에 있는 구로(舊路)를 따라서 문을 세우는 것이 좋겠다고 하는 사람이 많았지만 이숙번이 인덕궁(仁德宮) 앞에 작은 동(洞)이 있는데 길을 새로 내어 문을 설치할 만한 곳이라고 하여 그가 말하는 곳에 서전문을 세웠다.4)」

이 기록을 살펴보면 서전문은 경희궁이 있던 서쪽 언덕에 건립되었던 것으로 판단된다. 그러나 세종 4년 2월 다시 서전문을 막고 돈의문을 다시 설치했는데5) 세종 28년 6월 18일 기사에 <……또 옛날 돈의문(敦義門)을 지을 때에 지금 낸 길은 곧은길인데, 다만 이숙번(李叔蕃)의 문전(門前)으로 나가기 때문에, 인덕전(仁德殿)의 앞길을 내고 문(門)을 지었었는데, 내가 즉위한 뒤에 인덕전(仁德殿)께서 수강전(壽康殿)에 거둥하는 날, 이야기 계제로 인하여 깨닫고 곧 그 문을 고쳐 짓게 하였다6)……>라는 기록으로 보아 서전문이 있었던 곳은 지대가 높고 험하여 통행하기 불편하기 때문에 편리한 곳으로 문을 옮겼던 것으로 생각된다.

최양선(崔揚善)의 건의로 서전문이 건립되는 대신 백악산 동령(東嶺)과 서령(西嶺)은 경복궁의 양팔에 해당되므로 동령에 있는 숙청문과 서령에 있는 창의문을 폐쇄하여 통행을 금지시켰는데 창의문은 현재 종로구 청운동에서 부암동으로 넘어가는 고개에 위치하였다.7)

그 남쪽으로 건립하고 서전문이라고 하였으며 세종 4년(1422)에는 다시 그 남쪽으로 이건하고 본래의 명칭대로 돈의문이라고 하였다.
4) 태종실록 제25권 13년 6월 19일(병인)
5) 세종실록 제15권 4년 2월 23일(경술)
6) 세종실록 제112권 28년 6월 18일(갑인)
7) 이 고개는 자하문고개 혹은 창의문고개라 하는데, 이는 고개 마루턱에 자하문(紫霞門)이 있음으로 해서 붙여진 이름이고 자하문의 정식 이름은 창의문(彰義門)이다. 그리고 창의문을 장의문(莊義門 혹은 藏義門)이라고도 하였는데, 그로 해서 청운동·적선동 일대를 장의동(莊義洞), 줄여서 장동(莊洞)이라 칭하였고, 또 성 밖 신영동에 있던 장의사(藏義寺)1)의 이름에 연유하여 일명 장의문(藏義門)이라고도 하였다.

『조선왕조실록』에서 창의문과 관련된 기사를 살펴보면, 세종 4년에는 숙청문과 창의문을 열어서 군인의 출입통로로 사용하였고[8] 세종 28년에는 풍수학인 이양달이 창의문이 경복궁을 누르고 있다고 하여 폐쇄할 것을 건의하여[9] 같은 달 15일 창의문의 출입을 제한하고 길을 막아 소나무를 식재하도록 명하였다.[10]

문종 때에는 풍수학인 문맹검이 장의문은 천주의 자리인데 사람들의 통행하는 것이 미편하니 닫도록 건의[11]하였고, 예종 때에는 병조에게 하명하여 장의문을 열지 못하게 전교[12]하였으며 광해군 9년에 수성도감이 궁장을 완축하는 동안에 창의문을 열도록 건의하여 이를 허락하였다.[13]

그 후 중종반정이 일어난 1506년 9월 2일에 혜화문과 창의문을 닫으라는 명을 내렸으며, 영조 16년(1740)에 훈련대장 구성임(具聖任)이 창의문은 인조반정 때에 군대가 유입된 곳이니 개수하여 표시하도록 건의하여 다음해 개수하라고 명하였다.[14]

이상과 같은 사실들을 종합해 보면, 창의문은 태종 13년부터 항상 닫혀 있었으나 궁장 축조와 같은 국가의 대역이 있을 때에는 역력(役力)을 감소시키기 위하여 창의문을 열어서 통행을 허락하기도 하였으나 근본적으로는 출입의 제한을 두었으며 그 이유는 지형적으로 창의문이 경복궁의 팔에 해당되기 때문에 지맥을 보존하기 위한 것이었다.

---

8) 세종실록 제15권 4월 1일(계유)
9) 세종실록 제112권 28년 4월 15일(임자)
10) 세종실록 제112권 28년 4월 15일(임자)
11) 문종실록 제12권 2년 3월 3일(병신)
12) 예종실록 제4권 1년 3월 9일(계사)
13) 광해군일기 제113권 9년 3월 17일(임오)
14) 영조실록 제52권 16년 8월 1일(기해)

그림 3. 자하문 고개

그림 4. 정 선의 장동팔경첩 중 창의문

관광방 동쪽 고갯길에 있는 숙청문은 도성의 북문으로서 이 문도 다른 도성의 문과 같이 태조 5년(1396)에 창건되었다. 그러나 18년 후인 태종 13년(1413)에 풍수학생 최양선의 건의에 의해 창의문과 함께 폐쇄되었다.

숙청문이 위치하고 있는 곳은 북악산의 산맥으로 산이 높고 험해서 통행이 어려울 뿐만 아니라 다른 데로 연결되는 도로가 없었다. 이 문을 통과하여 오른쪽 골짜기를 따라 내려가면 경원가도(京元街道)로 연결이 되나 경원가도는 숙청문에서 훨씬 남쪽에 있는 혜화문(惠化門)으로 연결되어 있고 이 혜화문은 거의 평지에 위치하였기 때문에 경원가도를 이용하는 사람들이 쉽고 편리하게 이 문을 이용하였다. 따라서 이 문은 자연적으로 폐문하여도 통행에 불편함을 주지 않았을 것이다. 다만 한재(旱災)가 심할 때는 숙청문을 열고 숭례문을 닫았는데 이는 태종 16년(1416) 예조에서 마련한 기우절목(祈雨節目)에 의하여[15] 시작된 것이다.

---

15) 태종실록 제31권 16년 6월 5일(을축)
　　禮曹上祈雨啓目: “一, ≪文獻通考≫內: ‘四月後旱, 則徧祈社稷、山林、川澤. 就故
　　處大雩, 舞童十四人皆服玄衣, 爲八列, 各執羽翳, 每列歌≪雲漢詩≫.’ 曹曾使齋郞習誦

오행설의 기초는 강유(剛柔)와 같이 서경(書經)의 홍범(洪範) 중에 있는데 홍범구주(洪範九疇)의 차례는 수, 화, 목, 금, 토로 되어 있다. 이에 대해 『설심부(雪心賦)』는 <청룡백호 주작현무는 고인(古人)이 사수(四獸)로 사방을 나누던 것이다. 청룡은 목(木)에 속하여 동방, 백호는 금(金)에 속하여 서방, 주작은 화(火)에 속하여 남방, 현무는 수(水)에 속하여 북방이 된다(靑龍白虎 朱雀玄武 乃古人借四獸以別四方者也 蓋靑龍屬木 故列於東方 白虎屬金 故列於西方 朱雀屬火 故列於南方 玄武屬水 故列於北方)>고 하였다.[16]

『조선왕조실록』에서 홍범의 음양오행과 풍수와의 관계성을 설명한 예로는 세종 23년 수강궁 터가 불가하다고 상언했던 최양선 글을 들 수 있는데 그 글을 인용하면 다음과 같다.

≪雲漢篇≫, 今雩祀圓壇請歌之. 且於望祈北郊及就風雲雷雨、三角山、漢江、木覓、社稷、宗廟、雩祀、祈雨祀亦皆歌之. 一, 董仲舒祈雨之術曰: ‘閉南門縱北門.’ 蓋亦達陰之意. 請閉都城南門, 開北門何如? 一, 董仲舒曰: “旱則令郡邑, 以水日令民禱社稷.” 又曰: “家人祠戶.” 且將此法, 令外方民就祈里社, 亦令中外家人祠戶祈雨.” 從之.
예조에서 기우 계목(祈雨啓目)을 올렸다.
“1. ≪문헌통고(文獻通考)≫안에, ‘4월 이후에 가물면 사직(社稷)·산림(山林)·천택(川澤)에 두루 비는데, 연고 있는 곳에 나아가 대우(大雩)할 때 무동(舞童) 14인이 모두 현의(玄衣)를 입고 8렬(列)로 서서 각각 우예(羽翳)를 잡고 열(列)마다 운한시(雲漢詩)를 노래한다.’고 하였습니다. 본조(本曹)에서 일찍이 재랑(齋郞)으로 하여금 운한편(雲漢篇)을 외우도록 익히게 하였는데, 이제 우사(雩祀)와 원단(圓壇)에 이것을 부르도록 청합니다. 또 북교(北郊)에 망기(望祈)할 때와 풍운뢰우(風雲雷雨)·삼각산(三角山)·한강(漢江)·목멱(木覓)·사직(社稷)·종묘(宗廟)·우사(雩祀)·기우사(祈雨祀)에 나아갈 때에도 또한 모두 이를 부르게 하소서.

1. 동중서(董仲舒)의 기우(祈雨)하는 방법에 말하기를, ‘남문(南門)을 닫고 북문(北門)을 열어 놓는다.’고 하였으니, 대개 음(陰)을 창달하게 하는 뜻입니다. 청컨대, 도성(都城)의 남문을 닫고 북문을 여는 것이 어떠하겠습니까?
1. 동중서가 말하기를, ‘가물면 군읍(郡邑)으로 하여금 수일(水日)에 백성들로 하여금 사직(社稷)에 빌게 한다.’하였고, 또 말하기를, ‘가인(家人)은 호신(戶神)에 제사한다.’고 하였으니, 또 이 법을 가지고, 외방의 백성들로 하여금 이사(里社)에 나아가 빌게 하고, 또한 중외의 가인(家人)으로 하여금 호신(戶神)에 제사하여 비를 빌게 하소서.” 임금이 그대로 따랐다.

16) 『설심부(雪心賦)』, 「변론편(辯論篇)」, 용호변(龍虎辯) 대만, 죽림서국(竹林書局).

「대역(大易)의 홍조(洪造)의 뜻을 상고하오니, 천(天)·지(地)·인(人) 삼재(三才)는 소속이 귀일하였습니다. 왜냐하면, 갑(甲)은 동방이 되고 목(木)은 인(仁)에 속하며, 병(丙)은 남방이 되고 화(火)는 예(禮)에 속하며, 경(庚)은 서방이 되고 금(金)은 의(義)에 속하며, 임(壬)은 북방이 되고 지(智)에 속하며, 무(戊)는 중앙이 되고 토(土)는 신(信)에 속하옵는데, 대체로 땅의 형세도 또한 인·의·예·지·신이 있고 그 길흉화복도 방위에 따라 응하게 되니, 이로써 유추(類推)하게 되면, 지금의 우필(右弼)도 명당(明堂)의 형세로 좋고 나쁜 것을 말할 수 있는 것입니다. 즉 갑(甲)은 인(仁)과 짝하고 동방에 속하는데, 동산(東山)이 등지고 달림은 인산(仁山)이 반배(反背)함이요, 병(丙)은 예(禮)와 짝하고 남방에 속하는데, 남산(南山)이 낮고 약함은 예산(禮山)이 휴결(虧缺)함이며, 이것은 문반(文班)이 인·예(仁禮)에 속하니 혹 휴손(虧損)할 징조이요, 경(庚)은 의(義)와 짝하고 서방에 속하는데, 서산(西山)이 돌아와 읍함은 의산(義山)이 유정(有情)함이며, 이것은 무반(武班)이 성함이니 의(義)가 응한 것이나, 임(壬)은 땅과 짝하고 물[水]에 속하는데, 물이 산에 있음은 중정(中正)함이 아니요, 무(戊)는 신(信)과 짝하고 중앙에 속하는데, 중맥(中脈)이 가로 비김[橫斜]은 지·신(智信)의 의(義)에 부끄러움이 있는 것입니다17).」

음양오행의 논리는 풍수적인 원리에도 적용되었을 뿐 아니라 도성 4대문 이름에도 적용되었는데, 비가 오지 않는 한재에 북문을 열고 남문을 닫은 까닭은 남쪽은 火에 배속되고 북쪽은 水에 해당되기 때문에 불기운이 많은 숭례문을 닫고 물 기운에 해당되는 북쪽의 숙청문을 열게 한 것이다.18)

---

17) 세종실록 제92권 23년 5월 19일(갑인)
18) 숙청문을 폐쇄하게 된 것은 풍수지리설에 의한 이유 외에 다른 이야기가 전해지고 있다. 순조 때의 실학자 이규경(李圭景)이 쓴 『오주연문장전산고(五洲衍文長箋散稿)』에는 숙청문에 대하여 다음과 같이 적고 있다. 「……양주 북한산으로 통하는 숙정문 역시 지금 폐문하고 쓰지 않으니, 언제부터 막았는지 알 수가 없다. 속전된 바로는 이 성문을 열어두면 성안에 상중하간지풍(桑中河間之風)이 불어댄다 하여 이를 폐했다 한다.」 여기서 말하는 '상중하간지풍'이란 부녀자의 음풍(淫風)을 뜻한다. 예부터 전해오는 한양의 세시풍속을 보면, 정월 보름 이전에 부녀자들이 숙청문까지 세 번만 다녀오면 그해의 액운이 없어진다 하여 숙청문 주변에 장안 부녀자들의 출입

표 4. 음양오행과 사대문

五行	方位	其治	其神	其獸	其色	五相	十干	十二支	4大門
木	東	春	歲星	靑龍	청	仁	甲乙	寅卯辰	興仁門
火	南	夏	熒惑	朱雀	적	禮	丙丁	巳午未	崇禮門
土	中央	四季	鎭星	黃龍	황	信	戊己	-	-
金	西	秋	太白	白虎	백	義	庚申	辛酉戌	敦義門
水	北	冬	辰星	玄武	흑	知	壬癸	亥子丑	-

그림 5. 복원된 숙정문

이 매우 빈번했다고 한다는 것이다. 그저 단 한번 다녀오는 것이 아니고 정월 보름 안에 세 번이니까 3일을 계속 가거나 아니면 2, 3일에 한번씩 왕래했을 것이니 숙청문으로 가는 길은 장안 부녀자들로 문전성시를 이루게 되었다. 정월 보름 안에 세 번 북문까지 갔다 오는 것이 어려워지자 차츰 정월달 안에 세 번으로 변하고 나중에는 1년 내내 아무 때나 세 번 다녀오면 액운을 뗄 수 있는 것으로 변하였다. 평생을 울안에 갇혀 살아야 했던 조선시대 부녀자들에게 이 북문 나들이는 큰 해방감을 안겨주었을 것이며, 너도나도 나들이를 나섰을 것임은 능히 짐작되는 일이다. 게다가 그 시대에 부녀자들이 나들이를 나선다면 결코 혼자 나서는 법이 없다. 양가집 규수나 아낙네들은 몸종 한두 명을 데리고 나섰다. 그리하니 북문 일대는 꽃밭이 되게 마련이었고 짓궂은 사내들이 모여들기 마련이었다. '사내 못난 것 북문에서 호강받는다.'는 옛 서울속담에서도 이 북문의 풍기를 엿볼 수 있게 해준다. 여자에게 농 한 번 못하던 못난 사내라도 북문에 가면 그 개방적인 분위기 속에서 부녀자들에게 환대를 받는다는 이야기다. 문란한 풍기에 엄했던 조선시대의 도덕규범에 본다면 이것은 대단한 사회문제가 되었을 것이며, 북문 폐쇄를 하지 않을 수 없었던 배경이 되었다. 어쨌든 숙청문이 폐쇄되면서 동소문의 역할이 커졌으니, 도성에서 의정부·포천·원산 등으로 가거나 반대로 경원가도에서 도성으로 들어가는 길목으로서 중요시되었으며, 동소문고개에도 사람들의 발길이 더욱 잦아지게 되었던 것이다.(이상협, 1998)

(2) 도성 형국에 대한 비보풍수

『조선왕조실록』을 살펴본 결과 도성의 형국을 보완하려 했던 주요 공간은 성문과 인접한 지역, 고개와 역, 원으로 노원역[19], 보제원[20], 벌아현[21], 왕십리, 청파역[22], 흥인문, 흥인문 밖과 모화관 근처(돈의문 밖) 등이었다.

표 5. 『조선왕조실록』에 나타난 한양의 형국 비보풍수

시 기	내　　용	출 전
세 종	청파역(靑坡驛)에서부터 남산에까지 잇닿은 산맥의 여러 산봉우리들과 흥천사(興天寺) 북쪽 봉우리 등처에 소나무 식재	세종 061 15 / 07 / 21(임신)
	남대문 밖의 못과 지천사 조성, 남대문 개축	
문 종	청룡이 날로 더욱 쇠약하니 표(標)를 세워서 소나무 식재	문종 007 01 / 04 / 18(병술)
성 종	장원서(掌苑署) 북쪽 고개로부터 가각고(架閣庫)에까지 수목 식재	성종 003 01 / 02 / 12(신유)
	광평 대군(廣平大君) 집의 북쪽 고개에서 주산(主山), 노원역(蘆原驛) 모퉁이에서 벌아현(伐兒峴), 우장산(牛場山) 및 사현(沙峴)에서 청파역(靑坡驛)의 북쪽 고개 산등성마루까지 경작금지, 잡목식재	성종 007 01 / 09 / 26(신축)
	노원역(蘆原驛) 모퉁이에서 보제원(普濟院) 서쪽의 큰 길까지 제방 쌓고 나무를 심어서 숲을 조성	
	장원서(掌苑署) 북참(北站)에서 중학(中學), 장원서의 남쪽 양정(楊汀)의 집 앞길 통해 금지, 수목 식재	성종 125 12 / 01 / 20(을미)
정 조	동쪽으로 정릉(貞陵) 뒷봉우리, 서쪽으로 안현(鞍峴) 근처, 남쪽으로 부아현(負兒峴) 동쪽과 서쪽 지역은 대내(大內)가 임압하는 곳에 피나 소나무 식재	정조 047 21 / 07 / 08(을해)

---

19) 노원역(蘆原驛): 도봉구 수유리 고개 못미처에 있음. 노원역은 흥인문 밖에 위치하여 한반도 동북부 지방으로 나가는 대로상에 위치하였다. 이 역은 한성이 건설되기 이전에 태조가 종묘 지을 터를 살펴본 후 유숙했던 곳으로 교통상의 중심지이다.
20) 현재 서울시 동대문구 제기2동 148-5에 위치했던 보제원은 조선왕조 시대(1393-1895)에 여행자에 대한 무료 숙박과 의지할 곳 없는 병자에 대한 치료를 담당하던 구휼(救恤) 기관임. 보제원은 함길도 강원도로 가는 사신을 전송하기 위한 장소, 도성 밖 동쪽의 벼농사 상황을 파악하기 위한 장소, 기로연의 장소가 되기도 함
21) 벌아현(伐兒峴): 한남동에서 약수동으로 넘어가는 고개
22) 청파역(靑坡驛): 현 용산구 청파동 1가 한강로변에 있음. 청파역은 남대문 밖에 있으며 남대문에서 뻗어나온 중심도로인 청파로에 위치하였고 이 역을 거쳐 용산, 노량, 동작, 서빙고, 한강 나루로 나갔으며 청파역은 한강을 지나 양재역으로 연결됨.

위의 기록을 살펴보면 도성의 동쪽부분에 대해서는 지형이 낮은 낙타산은 조선초기부터 표를 세워 경작을 금지하고 소나무를 심어서 지맥을 보존[23]했을 뿐 아니라 도성 밖의 노원역에서 보제원까지 숲을 조성하였다.

보제원과 노원역은 흥인문 밖에 위치하고 있으며 이 두 곳을 연결해 숲을 조성한 것은 낙산의 지형을 이중으로 보완하고자 한 의도이며 지형적으로 동쪽이 저지대이므로 한강의 범람을 대비하여 숲을 조성하였던 것으로 판단된다.

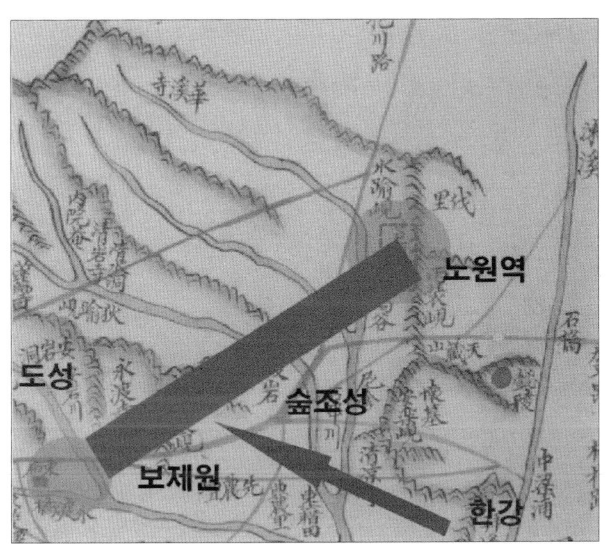

그림 6. 보제원과 노원역 사이의 숲

이와 같이 도성 안과 밖에 숲을 조성하는 등의 비보풍수가 조선 전기에 성행하였는데 이들 공사 중에서 도성 안의 경관변화를 초래

---

23) 문종실록 제7권 1년 4월 18일(병술)

한 것은 남대문의 개축이다.

세종 15년(1433) 7월에 세종이 영의정 황희(黃喜)와 좌의정 맹사성(孟思誠) 및 우의정으로 치사(致仕)한 권진(權軫)을 불러 여러 가지 국사를 의논할 때 세종은 다음과 같이 남대문 개축의 의사를 표현하였다.

「경복궁의 오른 팔은 대체로 모두 산세(山勢)가 낮고 미약하여 널리 헤벌어지게 트이어 품에 안는 판국이 없으므로, 남대문 밖에다 못을 파고 문안에다가 지천사(支天寺)를 둔 것은 그 때문이었다. 나는 남대문이 이렇게 낮고 평평한 것은 필시 당초에 땅을 파서 평평하게 한 것이었으리라고 생각된다. 이제 높이 쌓아 올려서 그 산맥과 연하게 하고 그 위에다 문을 설치하는 것이 어떻겠는가. 또 청파역(靑坡驛)에서부터 남산에까지 잇닿은 산맥의 여러 산봉우리들과 흥천사(興天寺) 북쪽 봉우리 등에 소나무를 심어 가꿔서 무성하게 우거지도록 하는 것이 어떻겠는가."하니, 모두가 "좋습니다."24)」

남대문은 태조 5년에 창건한 뒤 풍수적인 이유로 인해 세종 15년(1433)에 그 지대를 돋우고 문을 높게 건축하려다가 여러 가지 공사로 곧 착수하지 못하고, 세종 29년 8월에 비로소 착공하여, 다음해 3월 17일에 상량하고 5월에 준공되었다. 이때 조성된 남대문은 기울거나 퇴락하여 개축하려고 한 것이 아니고, 남대문의 지대를 높여서 남산과 인왕산의 산맥에 연결시켜 경복궁의 포국을 아늑하게 형성하고자 하는 의도라 할 수 있다.

이날의 기사에 의하면 남대문 개축이외에 청파역에서 남산까지 숲을 조성하도록 하였는데, 청파역은 남대문 밖 청파로에 위치하였

---

24) 세종실록 제61권 15년 7월 21일(임신)
　　"景福宮右臂, 大抵皆山勢低微, 廣闊通望, 無有抱局, 故於南大門外鑿池, 於門內置支
　　天寺, 爲此也. 予以爲南大門如此低平者, 必初掘土平之也. 今欲高築, 連其山脉, 置
　　門於上, 如何? 且自靑坡驛以至南山連脉諸峯及興天寺北峰等處, 栽植松木, 使之茂
　　鬱, 如何?" 僉曰: "可."

고 이 역을 거쳐 용산, 동작, 한강 나루로 나갔다.

도성도에 나타난 인왕산, 청파역, 남산의 위치를 살펴보면 한양의 우백호인 인왕산은 남산부근으로 감싸지 않고 벌어진 형국을 지니고 있으며, 청파는 인왕산과 남산의 중간지점에 위치하고 있다. 따라서 청파역에서 남산까지 숲을 조성하게 된다면 인왕산의 산맥이 남산까지 이어져 한양을 완벽히 감싸는 경관을 조성하게 된다.

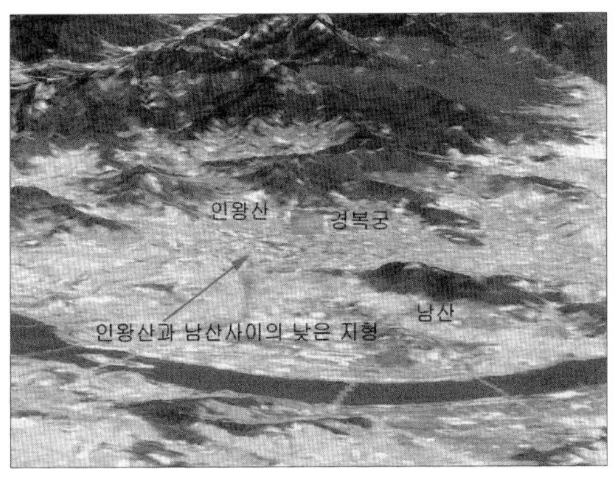

그림 7. 인왕산과 남산 사이의 낮은 지형

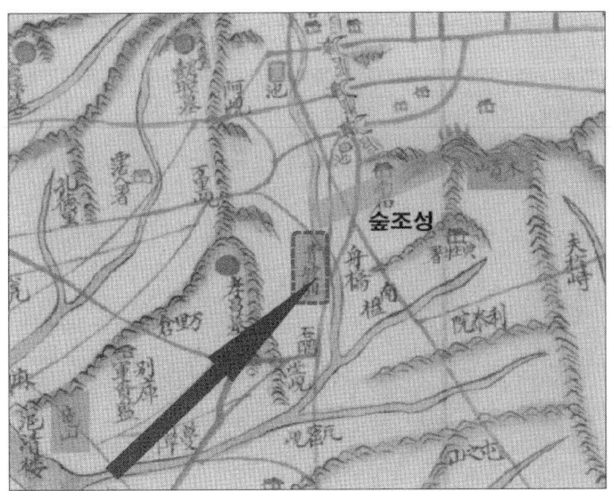

그림 8. 한강의 역류현상으로 인한 숲비보
(청파역에서 남산까지)

한편 한양 도성의 수해는 집중적인 호우에 의한 피해보다도 한강의 범람에 의한 수해가 더 큰 원인으로 작용되었다. 따라서 일찍이 세종도 한강수위 측정에 관심을 두었으며, 한강수위를 측정하기 위해 암석위에 척(尺), 촌(寸), 분(分)까지 눈금을 새긴 수표를 만들어 강도승(江渡丞)이 수위를 측정하여 보고하게 하였다.25)

한강 범람에 의한 피해는 주로 한양의 연안 일대로서 용산, 마포, 뚝섬, 영등포 일대였는데 특히 용산강 연안일대는 비교적 저지대로서 욱천은 한강수위가 조금만 높아져도 오히려 역류되어 내수로 인한 침수 피해를 입었다. 여기서 욱천(旭川)은 일제강점기에 지어진 이름이고, 『동국여지비고』에는 만초천으로 기록되어 있다.

조선 태종 때는 만초천(蔓草川)26)을 이용하여 용산강까지 들어오는 배를 남대문까지 운하를 건설하자는 의견이 하륜에 의해 제기되었다.27) 즉 용산강으로부터 남대문까지 이어지는 만초천에 군사 1만 명을 동원하여 운하를 건설함으로써 물자를 남대문에서 도성으로 운반하는 것이 용이할 것이라는 취지에서 제기된 의견이었다.

---

25) 세종실록 제93권 23년 8월 18일(임오)
26) 만초천은 한강의 제1지류로서 모두 복개되어 현재는 하천의 기능을 상실한 상태이다. 서대문구 현저동 무악재 부근에서부터 남쪽으로 흘러내리기 시작하여 서대문 네거리의 적십자병원 및 이화여고 부근, 서울역 뒤편의 서부역, 청파로를 따라 흐르다가 용산전자상가 단지를 관통하여 원효로를 거쳐 용산구 원효로3가 원효대교 지점에서 한강과 합류하는 물줄기이다. 이 하천에 만초(蔓草川)라 불리는 풀이 많이 자라고 있었기 때문에 붙여진 이름이라고 전하며 일명 '넝쿨내'라고도 한다. 이 하천에는 '주교(舟橋)'라는 다리가 있었다. '돌다리' 혹은 '배다리'라고 부르는 이 다리는 청파동 1가와 동자동의 경계가 되는 지역의 물줄기에 놓여 있었던 다리로서 남대문을 나와 남쪽으로 가는 길목에서 제일 먼저 건너야 하는 다리이다. 이 다리를 중심으로 배다리골이라 불렀으며, 주교동의 이름도 여기에서 유래되었다. 『한경지략』에 의하면 1592년 임진왜란 때 숭례문 현판이 사라졌는데 광해군 때에 이르러 이곳 청파 배다리 밑의 웅덩이에서 서광이 비쳐 사람들이 이상히 여겨 밑을 파보니 숭례문 현판이 나와 다시 걸게 되었다는 일화가 전하기도 한다.
27) 태종실록 제26권 13년 7월 20일(정유)

만초천이 흐르는 용산 일대는 1876년 조선이 개항된 이후 일본인들이 가장 많이 거주하던 곳이었다. 그런데 만초천 일대가 상습침수 지역으로 자주 물난리를 겪게 되자 일본은 청일전쟁이 개전되기 전에 용산 일대를 점령하고 군대를 동원하여 자국민의 안전을 위해 만초천을 준설하는 등 하천을 개수하였다. 이후에도 홍수 때면 계속적으로 한강으로부터 물이 역류하고, 하천의 물이 배수되지 않아 저지대인 용산 일대가 침수되는 일이 많았다.

이런 연유로 한강으로부터 역류하는 물을 막기 위해 1914년부터 제방을 쌓는 공사가 이루어졌고, 하천 개수공사도 지속적으로 추진되어 왔다. 광복 이후에도 상류 지역에 옹벽공사를 시행하였고, 하천 개수를 부분적으로 실시하였다.

따라서 만초천이 흐르는 청파역과 남산사이를 숲은 한양의 형국을 조성하는 것 이외에 한강의 범람으로 인한 피해로부터 도성을 보호할 수 있게 된다. 이러한 비보풍수의 흔적들은 '임수(林藪)' 또는 '동수(洞藪)'라 하여 양택풍수에서 매우 활발히 응용된 사례들이 있다.

한편 성종 원년 장원서에서 가각고까지 수목을 식재하였는데 그 능선은 바로 경복궁의 청룡에 해당되는 것이다. 그러나 당시 양정(楊汀) 및 영응 대군 등이 이 산등성이에 집을 조성하고 함부로 점거(占據)한 자가 많기 때문에 수목을 심어 경복궁의 청룡을 보호하자는 의도였다. 또한 성종 12년에 좌의정 윤필상이 경복궁의 내청룡에 해당되는 곳에 각각 20척의 한계를 세워 지맥을 배양했는데 사람들이 집을 짓고 나무를 베고 못을 파는 등의 산맥을 손상시키고 있다고 상언하면서 장원서의 남쪽 양정의 집까지 나무를 심도록 건의를 한다.[28] 당시 조선전기의 주거지역을 살펴보면 개천을 경계

---

28) 성종실록 제125권 12년 1월 20일(을미)

로 북쪽에는 궁궐과 관아와 교육기관에 대한 근린성과 풍수상의 길지성 때문에 주로 양반계층이 살았다. 그 가운데에서도 백악-응봉 산줄기 남쪽 기슭에는 고위 권력인사들이 모여 살았는데, 성종 12년에는 궁궐을 임압하는 가옥이 100여 채나 되어 철거를 명했으나 신하들의 반대로 실현되지 못하였다.29) 이러한 상황으로 본다면 왕권과 권신들의 이해관계 속에서 궁궐을 임압한 건축에 대한 규제가 점점 어려워지는 현상이라고 할 수 있다.

3. 득수형 비보풍수

전통도시 구조에서 물은 국가의 통치 및 사람들의 생활과 더욱 밀접한 관계를 지니고 있다. 이러한 이유로 고대로부터 제왕의 치수 정책은 국가의 중대사였으며 조선시대 한양의 도성계획에서도 물은 매우 중요한 인자로 작용되었다.

우리 인간이 일상생활을 하면서 물과 접하는 방법은 크게 치수(治水)· 이수(利水)· 친수(親水)의 3가지 측면으로 구분된다. 치수 기능이란 호우 시 제방 안쪽으로의 홍수 범람의 위험과 오·폐수 등의 자연하수처리를 의미한다. 이수 기능은 생활용수·농업용수·공업용수 등의 취수(取水), 주운(舟運)을 이용한 교통, 어업과 같이 인간이 물을 이용하는 측면의 기능을 말하고 친수 기능은 주로 물의 환경 미학적 기능을 뜻하는데 수변 레크리에이션과 관광, 수변 경관과 정서함양 등과 같이 인간과 물 환경과의 상호작용을 바탕으로 한 물의 유락적 측면이다.

조선시대 한양의 물의 이용은 연못, 저수지, 하천과 강의 형태로

---

29) 성종실록 제126권 12년 2월 8일(임자)

나타났는데, 연못은 저지대의 물을 담수하는 동시에 유락적인 역할과 동시에 방화수로서의 역할을 담당했고, 저수지는 농업용수 그리고 하천과 강은 조운과 범람과 홍수시의 대책 및 생활용수로서의 기능을 담당하였다. 그러나 조선 정도 과정에서 나타났듯이 한양에서의 가장 큰 문제점으로 대두된 것은 한양 터의 수량부족과 인구집중으로 인한 개천의 오염, 그리고 수구의 공결함이었는데 이러한 결점을 보완하고자 조선시대 전반에 명당수에 대한 논의와 공사가 그치지 않았다.

한양의 명당수가 부족하다는 것은 정도과정에서 윤신달 등에 의해 제기되었다. 세종 때에도 '경복궁 명당은 물이 없어서 왕이 사로잡히고 제후가 멸망할 땅'30)이라는 말이 날 정도였으며, 황희 역시 궁궐 좌우의 물줄기가 끊임없이 흐르지 못한다는 것을 결점으로 인정하였다.31) 이러한 한양의 결점을 보완하기 위해 궁성 주위에 못을 파서 도랑을 내었고, 도성 주변에 동지, 서지, 북지 등을 조성하였다.

또한 이중환의 택리지에 수구가 공결한 것을 매우 꺼려했는데, 문종 2년 풍수학 문맹검의 상언 중 "수구의 안에 옛날 사람이 3개의 작은 산을 만들어 각기 소나무를 심었고 현재는 산이 무너져 있으며 소나무는 말라 죽었습니다"라는 기사로 보아 도성 수구의 공결함을 가산을 통해 비보하고자 하였고 선조 때에는 수구의 공결함을 막고자 동관왕묘를 조성하게 된다.

명당수인 개천은 한양의 서북쪽에 위치한 인왕산과 북악의 남쪽 기슭, 남산의 북쪽 기슭에서 발원하여 도성의 서에서 동으로 흐르는 연장 10.92km의 도시 하천이다. 이 개천은 도성 안을 지리적으로 구분했을 뿐 아니라 정치, 사회, 문화적으로도 구분하는 상징적인 경계선으로 작용했는데 실질적으로는 한양의 생활용수 및 최적의 자연하

---

30) 세종실록 제61권 15년 7월 15일(병인)
31) 세종실록 제61권 15년 7월 29일(경진)

수도 역할도 담당했다. 태종은 1411년 11월 개거도감(후에 개천도감
으로 이름이 바뀜)을 설치하고 52,800명의 인원을 동원한 대규모 개
천공사가 시작되었다. 이후 세종 때에는 개천의 오염에 대한 논의가
이선로에 의해 제기되었으나 어효첨의 반론으로 실행되지 못하였다.
그 후 임진왜란과 병자호란으로 인해 서울의 인구는 점차 증가하여
하수량 자체가 늘어났고 영조 때에는 준천을 하지 않고서는 견딜 수
없는 상황이 되었다. 영조는 1760년 2월 20만 인원을 동원한 57일간
의 대역사를 시작하였다. 준천사업은 하천을 준설하는 동시에 수로
를 직선으로 변경하고 양안에 석축을 쌓는 행태로 진행되었다. 이후
준천은 정부의 재정 곤란 속에서도 2~3년마다 한번씩 정례적으로
실시되어 1908년까지 지속되었다. 이와 같이 한양의 주요한 득수형
비보는 명당수 확보, 개천의 정화 그리고 수구막이로 요약되는데,『
조선왕조실록』에서 주요하게 나타났던 명당수와 수구에 관련된 비보
내용은 다음 표-6과 같다.

표 6. 『조선왕조실록』에 나타난 명당수 확보와 수구관련 기사

시 기	내 용	출 전
태 종	명당(明堂)에 물이 없는 것이 흠(欠)이라 경복궁에 개천을 파다	태종 022 11 / 07 / 30(기축)
세 종	경복궁 명당에 물이 없다 하여 궁성의 동서편과 내사복시의 북지 등처에 못을 파고 영제교에 물을 끌어들이다.	세종 061 15 / 07 / 21(임신)
	궁성(宮城) 명당(明堂)의 물이 마르므로, 풍수(風水)의 법에 맞지 않는다고 해서 소격전(昭格殿) 골짜기에 못을 조성	세종 069 17 / 08 / 29(무진)
	수구문 밖 벌아현에서 노원역까지 소나무 식재	세종 080 20 / 01 / 19(갑진)
	수구산(水口山)부터 왕심역(往心驛) 서쪽까지 경종(耕種)을 금함 목역리(木驛里)부터 벌아현(伐兒峴)까지 경전(耕田)과 벌초(伐草)를 금함	세종 119 30 / 03 / 08(계사)
문 종	명당(明堂)의 왼쪽 물과 오른쪽 물이 모여서 흘러 충동(衝動)하여 서로 부딪치는 형세가 있으니, 두 물의 사이에 마땅히 한 무더기의 작은 돌산[石山]을 조성	문종 012 02 / 03 / 03(병신)
문 종	보제원(普濟院)의 남쪽과 왕심역(旺心驛)의 북쪽에 작은 산을 혹은 3개나 7개를 만들어 소나무와 홰나무·버드나무를 식재	문종 012 02 / 03 / 03(병신)
	수구문(水口門) 밖의 예성방(禮成坊)에 백성으로 거주하게 함	
세 조	경도(京都)의 곤방(坤方)이 낮고, 또 수구(水口)가 관활(寬闊)한 까닭으로 숭인문(崇仁門)·흥례문(興禮門) 두 문(門) 밖에다 못을 파서 깊게 파고 제방에 수목 식재	세조 042 13 / 06 / 20(계축)
성 종	숭례문(崇禮門) 밖의 못과 수구문(水口門) 안팎의 못을 파고 흥인문(興仁門) 안의 조산(造山) 세 곳을 수축	성종 003 01 / 02 / 12(신유)
	장의동의 냇물을 경복궁으로 끌어들이는 것을 정지하여 명당의 수맥을 보존	성종 019 03 / 06 / 16(신사)
	주산(主山)이 화산(火山)의 <형국(形局)이기> 때문에 모화관(慕華館) 앞과 숭례문(崇禮門) 밖에 못을 파서 진압(한명회 상서 중에서)	성종 148 13 / 11 / 09(계묘)
	숭례문(崇禮門) 밖에 못을 파고 숭인문(崇仁門) 안에 조산하여 도선의 비보술을 사용.(최호원상서 중에)	성종 174 16 / 01 / 08(신묘)
명 종	민가를 철거하고 나무를 심어 다시 짓지 못하게 하고 동지(東池)를 다시 알맞게 파고 조산(造山)도 수축하라고 함(명종의 전교 중에)	명종 005 02 / 05 / 18(무진)
	수구문(水口門) 안의 동지(東池)가 황폐되었다 하니 수리하도록 하라	명종 004 01 / 08 / 23(정미)
선 조	관왕묘(關王廟)를 흥인문(興仁門) 밖의 조산(造山) 근처에 조성	선조 111 32 / 04 / 29(무인)
광 해	흥인문 안 못을 넓게 파다	광해 126 10 / 04 / 08(정유)
인 조	두모포(豆毛浦) 가의 채석금지	인조 050 27 / 03 / 23(임오)

(1) 명당수 확보와 정화논쟁

가. 궁궐의 수계 및 연못의 조성

한양터의 수량을 확보하기 위한 방법은 연못을 조성하는 것과 도랑을 파고 물을 유입하는 것이다. 경복궁 명당에 물이 마르는 것을 방지하기 위해 주로 동원된 방법은 도랑을 내는 것이다. 태종 11년 7월 30일에 태종은 <명당에 물이 없는 것이 흠이라 경복궁에 개천을 파라>고 명하고,[32] 동왕 같은 해 11월에는 <경복궁 서쪽 모퉁이를 파고 명당수를 금천으로 끌어들이라>고 명한다. 또한 세종 15년 7월 21일에 세종은 경복궁의 동서편과 내사복시의 북지 등에 못을 파고 도랑을 내어서 영제교의 흐르는 물을 끌어들일 것을 대신과 의논하여 명령한다.[33] 이로 인해서 조선왕조의 정전인 경복궁의 배수체계는 인왕산과 북악산 사이에 흐르는 물을 경복궁 서쪽으로 유입하여 영제교를 통해 동쪽으로 빠져나가도록 조성되었다.

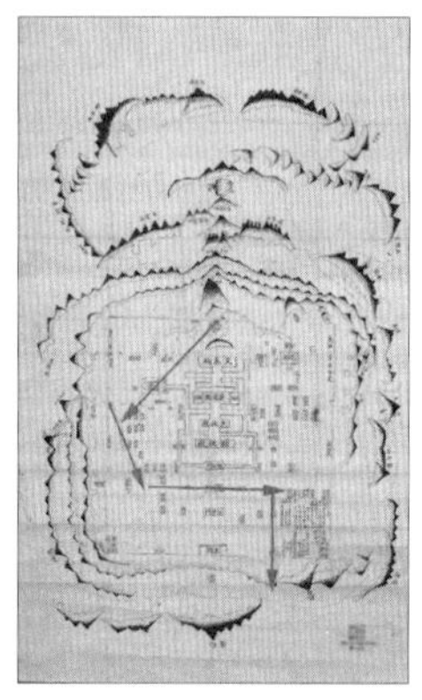

그림 9. 경복궁의 수계

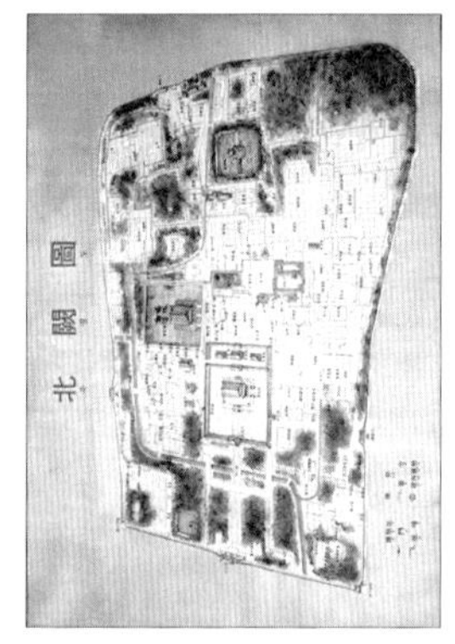

그림 10. 북궐도에 나타난 수계

---

32) 태종실록 제22권 11년 7월 30일(기축)
33) 세종실록 제61권 15년 7월 21일(임신)

이처럼 경복궁으로 명당수를 유입하는 것 이외에 명당수 확보를 위한 방법으로는 도성 안의 연못은 남지, 서지, 북지, 동지, 소격전 연못 등이 조성하는 것이다. 『조선왕조실록』의 기록에 의하면 남지의 조성목적은 『세종실록』과 『성종실록』의 기록에 약간의 차이를 보이고 있다. 『세종실록』의 기록에는 남지가 백호의 벌어짐과 허함 때문에 조성되었다고 기록되어 있는 반면 『성종실록』한명회의 상언[34]에 의하면 한양의 주산이 火山이기 때문에 모화관과 숭례문 밖에 못을 파서 진압했다고 기록되어 있다.

풍수에서는 산의 모양을 나타낼 때 성(星) 또는 요(曜)라는 용어를 쓰는 경우가 있다. 오성의 구분은 혈형(穴形)에 의하여 정하여지는데 금성은 원(圓), 목성은 직(直), 수성은 곡(曲), 화성은 예(銳), 토성은 방(方)을 그 정체로 하고, 또 각각 다른 이름을 갖고 있기도 한데 금성은 태백성(太白星)이요, 목성은 세성(歲星), 수성은 진성(辰星), 화성은 형혹성(熒惑星), 토성은 진성(鎭星) 등이 그것이다.(최창조, 1984)

한양의 경우 주산인 북악은 오성의 구분으로 판단하면 전형적인 목형에 속하는데 한명회가 주산이 화산이라는 것은 오성의 원리에는 맞지 않는 주장이다. 또한 풍수의 고전『금낭경』에 <氣는 바람을 타면 흩어지고, 물에 닿으면 머문다[35]>고 했는데 연못을 조성한다는 것은 오히려 인왕산의 기를 멈추게 하는 작용을 했을 뿐 인왕산에서 본신 안산인 남산까지 그 맥을 이어준다는 의도와는 관계가 없는 것으로 사료된다. 다만 남지의 조성목적을 한양 터의 결점과 연관하여 판단해 보면, 남지는 관악산의 화기에 대한 비보와 명당수 부족에 대한 비보로서 조성되었을 가능성이 높다. 한양의 가장 큰 문제점은 명당수의 부족인데, 이는 인왕산과 북악산이 암반으로 이루어져 물의

---

34) 성종실록 제148권 13년 11월 9일(계묘)
35) 『금낭경』經曰: 氣乘風則散, 界水則止.

저장능력이 떨어지고, 한양의 북서쪽이 낮아 계절풍의 영향으로 한양 터는 건조하게 된다. 뿐만 아니라 조산인 관악산은 오성의 구분에 따르면 화형에 속하는데 당시 조선조 사람들은 관악산의 화기로 인해 화재의 위험이 높다고 인식했다. 그러나 실제적으로는 북서쪽의 낮은 지형으로 인해 한양 터는 화재에 노출될 수밖에 없었다. 따라서 당시 명당수를 확보하려는 노력은 조선시대 전반에 걸쳐 그 흔적이 나타나는데, 동지와 서지 그리고 경회루와 성균관의 연못 등이 그 예라 할 수 있다. 또한 숭례문의 현판은 다른 현판과 달리 세로로 쓰여 있는데 이것은 禮가 남쪽을 의미하고 남쪽은 火를 상징하기 때문에 조산인 관악산의 화기를 진압한다는 의도였다. 이러한 점으로 볼 때 남지의 조성목적은 한양의 화기에 대한 비보로서 조성되었으며 그 외에 농경사회에 저수지 역할 그리고 연꽃 등을 길러 유희의 장소로서 이용되는 등 다양한 역할을 담당했다.

남지의 형태와 이용현황은 『세종실록』제16권 15년 7월 정축조에 <남대문 밖의 못에 석축으로 하였다>는 기록과 조선 중기의 도화서(圖畵署) 화가 이기룡이 1629년에 그린 ≪남지기로회도(李起龍筆南池耆老會圖: 보물 866)≫을 통해 파악할 수 있다. 이 남지는 『한경지략(漢京識略)』권2 산천조(山川條)에 의하면 중종때 희락당 김안로(金安老, 1481~1537)의 집터였다고 하였다. 남지의 이용행태는 남지기로회도(南池耆老會圖)를 통해 알 수 있는데, 이 그림은 1629년(인조 7) 6월 5일 남대문 밖 官池 근처에 있는 洪僉樞의 집에 모여 만개한 연꽃을 감상하는 70세 이상 된 耆老들의 모임인 기로회를 그린 契會圖이다. 기로회란 70세 이상의 덕망이 높고 2품 이상의 관직을 지녔던 원로 문인들로 구성된 계회로서 풍류를 즐기고 친목을 도모하는 데 목적을 두었는데, 이를 남지에서 개최했다는 것은 연못의 기능이 유희와 풍류를 위한 장소로서 사용되었음을 의미한다.

도성도와 남지기로회도(南池耆老會圖)에 나타난 남지는 숭례문 밖에 위치하고 있으며 주위에 버드나무가 식재되어 있고 연못 안에는 연꽃들이 무성하게 피어 있다. 연못의 형태는 도성도와 서울대학교 박물관 소장의 ≪남지기로회도≫에는 반듯한 방형이 아닌 타원형에 비슷하게 묘사된 반면, 19세기 중엽에 모사된 ≪남지기로회도≫에는 석축으로 이루어진 방형으로 그려져 있다. 그러나 도성도에서 모화관의 서지는 방형으로 그려진 것으로 보아 남지의 형태는 자연지형을 고려하여 자연스럽게 조성된 것으로 판단된다.

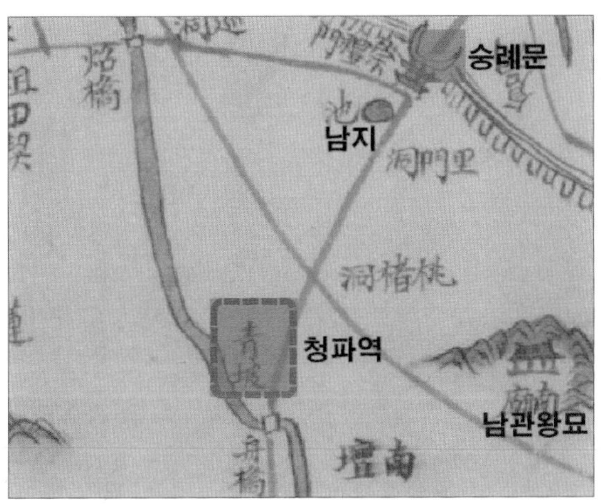

그림 11. 도성도에 나타난 남지

그림 12. 이기룡의 〈남지기로회도(南池耆老會圖)〉, 1692

남지와 더불어 성종 13년 한명회의 상서 중에 언급된 모화관 남쪽의 연못은 주산의 화기를 진압하기 위한 것이라는 기록이라고 기록에 쓰여 있다. 물론 한명회가 주산이 화산의 형국이라고 말한 것은 풍수지리적으로 한양을 잘못 이해했거나 아니면 기록자의 오기일 수 있지만, 한양 터는 분명 화재가 발생하기 쉬운 터였다.

태종 7년(1407) 4월 20일에 한성부가 도성 내부에 관한 몇 가지 일을 보고하면서 <신도의 가옥이 모두 초가인데다가 민가가 조밀하게 들어서서 화재가 염려되오니 각 방의 한 관령(管領)마다 물독을 두 곳씩 비치하도록 하여 화재에 대비해야 하겠습니다36)>라고 건의한다. 세종 8년(1426)에 도성 안에 자주 불이 나서 하룻밤 사이에 2~3개처씩 화재가 발생했는데 물론 실화가 대부분이었지만 간혹 도둑질을 하기 위하여 방화를 한 것 같은 흔적도 있어 오부각방(五部各坊)의 각 가호에 령을 내려 만약에 범인을 잡으면 그 범인의 가산을 상으로 주겠다는 시상제도를 결정 공포하였다.37) 그런데 이와 같은 결정을

---

36) 태종실록 제13권 7년 4월 20일(갑진)

내린 3일 후인 2월 15일(기묘)과 다음날인 16일(경진)에 북서풍이 크게 부는 가운데 화재가 발생하여 당시 도성 안의 전가호의 6분의 1에 해당하는 2,400호 정도가 잿더미로 변했고, 또한 그 피해건물의 위치가 서울의 중심부였기 때문에 도성 안의 모습이 처참하게 변했던 것이다.[38] 위의 기사를 살펴보면 세종 때 일어난 화재가 대규모로 확산되었던 것은 북서풍이 가장 큰 요인이었는데 이는 정도 초기 윤신달에 의해 제기되었던 <도성의 건방이 낮아 명당수가 부족하다>는 것과 같은 맥락으로서 파악할 수 있다. 즉 도성 북서쪽의 지형이 낮은 까닭에 겨울의 북서풍은 한양 터를 건조하게 하고, 강한 북서풍은 대규모의 화재를 유발시키는 요인이었던 것이다.

세종 때의 대형화재로 인해 정부는 급히 방화시설의 설치, 소화작업의 담당구역 설정 및 금화·소화의 책임관서설치 등 여러 조치를 강구하였고[39] 시설면에서의 화재대책은 금화장 설치, 도로의 확장[40], 공지의 확보, 저수지 조성, 소화기기 제조 및 비치 등이었다. 이 중에서 방화장과 우물 및 저수지의 조성은 화재예방에 적극적인 방안으로서 동월(董越)의 『조선부(朝鮮賦)』에 집집마다 높은 담을 쌓아서 바람과 불을 막는다[41]라고 하였으며 또 노국대장성(露國大藏省)이 구한국시대에 발간한 『한국지(韓國誌)』에 <한국의 시가지 및 촌락의……인가 옆에는 물이 흐르지 않는 웅덩이가 있어……이것이 세균의 배양지가 되어 있다>는 기록으로 보아,[42] 세종 8년 2월에 정한 방화시설은 널리 민간에 하명되고 엄격히 실시된 것임을 알 수 있다.

---

37) 세종실록 제31권 8년 2월 12일(병자)
38) 세종실록 제31권 8년 2월 15일, 16일, 19일(기묘·경진·계미)
39) 세종실록 제31권 8년 2월 20일(갑신)
40) 세종실록 제32권 8년 4월 29일(임진)
41) 『신증동국여지승람(新增東國輿地勝覽)』 권1 경도 상 국도조
42) 『한국지』(1905). 노국 재무성 간 일본 농무성산림국 역 p.292.

　이처럼 북서쪽 지형의 낮음, 건축자재의 인화성 등으로 한양은 화재에 노출될 수밖에 없었고, 명당의 건조함으로 인해 더욱 화재의 위험은 심각했다. 이런 연유로 <한양의 화기 때문에 모화관과 숭례문 남쪽에 연못을 조성했다>는 것은 불을 몰고 오는 북서쪽에 대한 상징적인 비보로서 연못이 조성되었다고 할 수 있다.

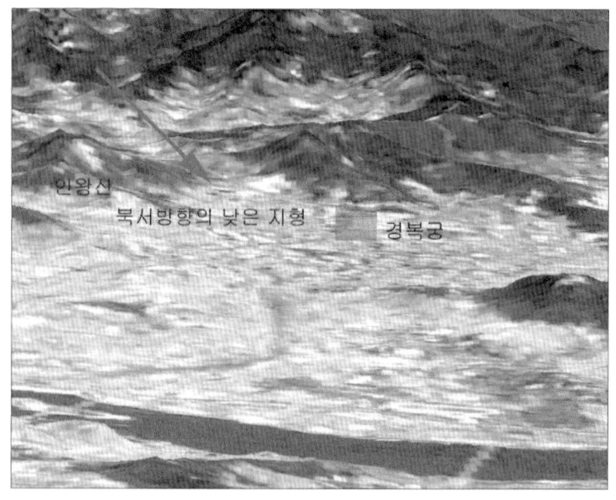

그림 13. 한양 북서 방향의 낮은 지형

　한편 동여도의 한성부와 도성도에는 서지와 관련하여 모화관, 반송정, 천연정 등이 있으며 『한경지략』과 『신증동국여지승람』, 『조선왕조실록』에서도 반송지, 모화관 남쪽 연못, 천연지라는 명칭이 나타난다.

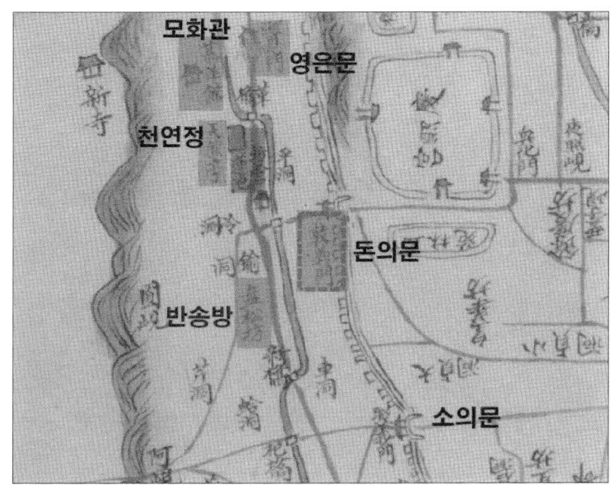

그림 14. 서지부근의 지형지물

그림 15. 서지의 위치

　모화관은 중국사신을 맞이하는 곳으로 중국사신이 한성에 들어오면 임금은 모화관(慕華館)에 나와 조서(詔書)를 맞이하고 이어 태평관(太平館)에서 국왕이 연회를 베풀었다. 현저동 101번지에 위치하였던 모화관은 조선 건국 초에는 모화루(慕華樓)라 하였다. 태종 7년 (1407) 8월 계묘일에 서대문 밖 반송방(盤松坊)에 송도(松都)의 영빈관을 모방하여 건립하였는데, 건립 당시는 큰 규모가 아니었던 듯 세종 11년(1429) 대대적인 개축공사를 하고 모화관이라 이름을 바꾸었다. 모화루 근처에 있었던 반송정(盤松亭)은 큰 소나무정자를 말하는데 고려 때 어느 임금이 수도 개경에서 남경(南京: 서울)에 왔다가 비를 만나 이 소나무 아래에서 비를 피하고 반송정(盤松亭)이라 이름을 지었다고 『신증동국여지승람』 제3권 한성부 누정조에 기록되어 있다. 이 반송정 때문에 조선초기부터 이 일대를 한성부 서부 반송방(盤松坊)이라 하였다. 태종 7년(1407)에는 반송정 근처에 모화루(慕華樓)를 짓고, 이듬해에는 모화루 남쪽에 연못을 파게 하였다.

연못의 규모는 상당히 커서 길이가 380척, 폭이 300척, 깊이 2장(丈) 내지 3장이라고 기록[43]되었으며, 『세종실록지리지』에는 <모화관 남쪽에 네모진 못이 있는데 낮은 담을 쌓고 버들을 심었다>고 기록되어 있고 『한경지략(漢京識略)』에는 천연정을 소개하면서, <돈의문 밖 서지(西池) 가에 있다. 본래 이해중(李海重)의 별장이었는데, 지금은 경기감영(京畿監營)의 중영(中營) 공청(公廳)으로 되어 있다. 꽃이 무성해서 여름철에 성안 사람들이 연꽃 구경하는 곳으로 여기가 제일이다>라고 하였다.[44]

---

43) 태종실록 제15권 8년 4월 22일(경자), 동 5월 7일(을묘)
44) 이 못은 반송정 옆에 있었으므로 반송지(盤松池)라 하였으나 도성 서대문 밖에 있다
　　하여 주로 서지(西池)라고 불리었다. 서지 가에는 천연정(天然亭)이란 정자가 있었다.

그림 16. 천연정과 서지

이상의 기록에서 살펴보면, 『태종실록』에 나타난 모화루 남쪽의 연못의 규모가 길이가 380척, 폭이 300척, 깊이 2장(丈) 내지 3장이라고 기록[45]되었는데 세종 12년 도량형개혁이 있기 이전인 조선시대 초기에는 1보가 6척이고 1척이 약 32.21cm이었으므로(박홍수, 1967: 199-215)[46] 지금의 척도로 환산하면 길이 약 96.63m, 폭 약 122.398m의 규모로 추정할 수 있다. 이러한 규모는 경회루 방지(동서가 128m, 남북이 113m)와 비슷한 규모로 모화루나 천연정 등에 부속된 연못이 아니라 명종 8년 정미조에 기록된 것처럼 도성계획과 관련하여 조성된 것으로 판단된다.

또한 서지의 조성목적은 기록으로 명확하게 제시된 것은 없지만 당시 상황으로 판단하자면, 한양의 화재를 위한 방화수, 영은문, 태화관 근처에 조성된 것으로 판단하자면 중국 사신들의 연회를 위한 감상용 등 다양한 목적으로 조성되었다고 할 수 있다.

---

45) 태종실록 제15권 8년 4월 22일(경자), 동 5월 7일(을묘)
46) 박홍수(1967). 이조척도에 관한 연구. 대동문화연구 제4집 :199-215.

한편 『명종실록』기록47)에는 국도를 건설할 때 동서남북에 연못이 있었다고 하나, 고지도와 『조선왕조실록』에는 북지에 대한 기록이 나타나지 않는다. 다만 『세종실록』 제69권 17년 8월 무진조에 <궁성 명당의 물이 마르므로, 소격전 골짜기에 못을 조성>했으나 물이 모자라 공사를 중지했다는 기록이 보인다. 소격전은 조선시대에 도교(道敎)의 보존과 도교 의식(儀式)을 위하여 설치한 예조(禮曹)의 속아문(屬衙門)이다. 1396년(태조 5년) 한양으로 천도하면서 지금의 서울특별시 종로구 삼청동에 소격전과 삼청전을 새로 설치했다. 태종 이전에는 소격전(昭格殿)이라 하여 하늘과 별자리, 산천에 복을 빌고 병을 고치게 하며 비를 내리게 기원하는 국가의 제사를 맡았는데, 1466년(세조 12) 관제개편 때 소격서로 개칭하였다.

광여도의 도성도에는 소격전이 표시되어 있지 않고 다만 삼청동만 나타나고 있는데, 깊은 골짜기에 수석의 정취가 깊었던 삼청동문(三淸洞門)의 이름은 일찍이 이 골 안에 도교의 삼청전(三淸殿·三淸道觀), 즉 소격전(昭格殿)이 있었던 연유로 내려오게 된 것이다. 도성도에는 삼청동에서 나온 물줄기가 경복궁의 왼편으로 흘러 혜정교를 지나 개천과 만나는데 세종 15년 8월 이양달의 상언에서도 경복궁 명당의 물에 대해 <왼편 물이 소격전 골짜기에서 나오고 오른편 물이 백악과 인왕산 기슭에서부터 나와서 혜정교 아래에 이르러 좌우의 물이 합류>된다고 기술하고 있다. 따라서 소격전 골짜기에 조성된 연못은 바로 이 물줄기를 이용하여 조성하였던 것이라 판단되며, 위치상 도성의 북쪽에 위치하고 있었으므로 『명종실록』에서 언급된 북지가 바로 이 연못을 지칭했을 것이라 판단된다.

---

47) 명종실록 제4권 1년 8월 23일(정미)

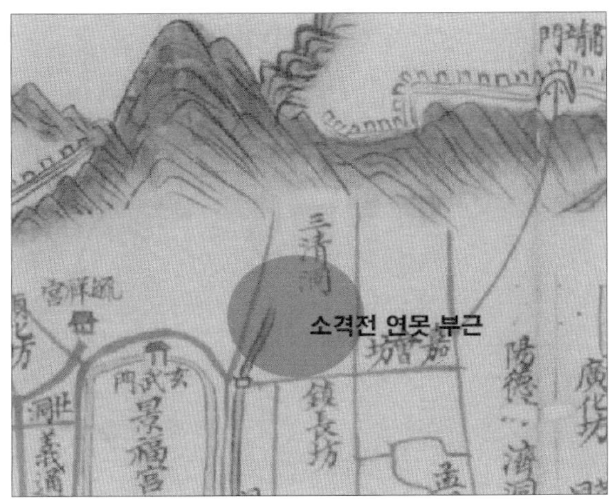

그림 17. 북지의 위치(추정)

　이 연못의 조성목적에 대해서는 단지 풍수법상 명당의 물이 마르기 때문에 조성했다고 기록되어 있는데 세종 17년 2월 <화재에 대비한 조처로 화약고를 소격전동에 조성했다48)>는 기록으로 보아, 실질적으로는 남지 및 서지와 더불어 계곡물을 저장하여 화재 시 방화수의 역할을 담당했을 것이라 사료된다. 뿐만 아니라 20세기 초 위암 장지연은 『유삼청동기(遊三淸洞記)』에서 "삼청동 골짜기는 바위와 비탈이 깎아지른 듯 나무도 그윽이 우거진 속으로 높은 데서 흐르는 물이 깊은 연못을 짓고 다시 물은 돌바닥 위로 졸졸 흘러 이곳저곳에서 가느다란 폭포를 이루며 물구슬마저 튕기곤 하여 여름철에도 서늘한 기운이 감돌아서 해마다 한여름이면 서울 장안의 놀이꾼·글선비는 말할 것 없고 아낙네들까지도 꾸역꾸역 모여들어서 서로 어깨를 비빌 만큼 발자국 소리도 요란하였다."고 기술하고 있는데 소격동 골짜기에 조성된 연못 또한 다른 연못의 기능처

---

48) 세종실록 제67권 17년 2월 6일(무신)

럼 유희를 위한 기능도 담당했던 것으로 사료된다.

남지, 서지 및 북지와 더불어 『조선왕조실록』의 기록에서 주요하게 다루어지는 연못은 흥인문 밖에 조성된 동지이다. 동지에 관해서는 『한경지략』과 『동국여지비고』에 기록되어 있고, 『한경지략』에는 <동지가 창경궁 동편 연동에 있다>고 기록되어 있으며, 『동국여지비고』에는 <동지는 흥인문 밖과 경모궁 앞에 있는데 둘 다 연꽃을 심었다>고 기록되어 있다. 또한 김정호의 수선전도에는 경모궁 앞에 연지, 연동의 연지, 그리고 흥인문 밖에 연지가 그려져 있다. 즉 도성의 동쪽에는 이처럼 3개의 연못이 조성되어 있었으며, 특별히 흥인문 밖의 연지를 동지라고 기록하고 있다. 『조선왕조실록』에서 나타난 동지에 관한 내용은 수구와 매우 밀접한 관계를 가진 것으로 위 세 곳의 연못 중에서 흥인문 밖에 조성된 연못으로 서지, 남지와 견주어 동지라고 불렀던 것이라 할 수 있다.

동지의 조성목적을 살펴보면, 세조 13년 6월 관상감에서 상언한 내용 중에 <수구가 관활한 까닭에 숭인문, 홍례문 두 문 밖에다 못을 파서 저장하였다49)>는 기록이 보인다. 여기서 숭인문과 흥인문이라고 하였는데, 이는 기록자의 오기이고 실제로는 흥인문과 숭례문이다. 관상감에서 올린 기록에 의하면 동지의 조성목적은 관활한 수구를 비보하기 위해 조성된 것이라 할 수 있으며, 이외에도 조산, 숲조성, 동관묘 등을 통해 수구의 공결함을 비보하려 했다.

---

49) 세조실록 제42권 13년 6월 20일(계축)

표 7. 연못의 기능

연 못	주요 기능	비 고
동 지	수구막이, 비보, 진압, 위락	
서 지	수경시설, 비보	
남 지	수경시설, 유수지, 비보	
북 지	화재 진압, 비보	

이와 같이 『조선왕조실록』에서는 연못의 조성목적에 대해 명당수가 부족, 한양터의 화기(火氣) 그리고 수구의 공결함 때문에 도성의 동서남북에 조성했다고 기록하고 있다. 그러나 도성 밖에 조성된 연못은 화재 시에 방화수로서의 역할을 하기에는 다소간 무리라는 판단이 든다. 그렇다면 이들 연못들의 실질적인 기능은 무엇이었을까.

첫째 연못의 위치는 도성을 중심으로 동서남북에 배치되고 있다. 조선시대의 궁궐 및 도성의 배치계획은 대부분 4방위의 상징적 원칙을 지키려는 의도였는데 연못 조성도 이러한 의도가 나타나 있다. 뿐만 아니라 각 문의 이름이 음양오행에 기초하여 숭례문, 돈의문, 흥인문으로 명명되어진 점, 경복궁 월대에 4방으로 배치되어 있는 돌석상의 상징성, 도성의 동서남북으로 비보사찰을 지정했다는 점[50]

---

50) 「三聖山 三幕寺 事蹟記」에 나타난 4대 비보사찰

    그때에 무학(無學)이라는 이가 있었으니, 그는 나옹의 제자로서 지리(地理)의 학문에 더욱 정통하였는데, 우리 태조(太祖)께서 그의 소문을 듣고 불러들여 국도(國都)를 정하게 하니, '외백호(外白虎)가 세력이 급하고 형상이 위태하여 날뛰는 기운이 있다'고 하여 그 위에 절을 세워 호압(虎壓)이라 이름하여 억누르고, 그 앞에 암자를 세워 사자(獅子)라 이름하여 위협하고, 그 곁에 개를 묻어 사우견(四隅犬)이라 이름하여 유진(留鎭)하였다. 또 사방에 절을 지어 서울을 진압하니, 동쪽에 있는 것을 청연(靑蓮)이라 하고, 서쪽에 있는 것을 백연(白蓮)이라 하고, 남쪽에 있는 것을 삼막이라 하고, 북쪽에 있는 것을 승가(僧伽)라 하였으니, 이 같은 내용은 ≪여지(輿地)≫에 실려 있다. 이곳에서 말한 백호(白虎)가 바로 이 산이요, 삼막이 바로 이 절이다. 따라서 옛사람들이 절을 세워 산천의 기맥을 진압하여 나라의 번영을

등이 이를 뒷받침하고 있다.

둘째, 북지를 제외한 동서남의 연못은 도성의 출입이 잦은 성문 밖에 위치하고 있다. 특히 서지(西池의) 경우 주변에 모화관, 영은문 등이 위치하고 있으며 중국사신이 처음 도성에 접하는 장소적 특성이 있으며, 남문은 도성의 가장 중요한 통로이다. 따라서 각 문 앞에 연못을 조성했다는 것은 현대적 의미에서 도성의 경관 이미지를 향상시키는 역할도 동시에 담당했을 것으로 사료된다. 또한 도성의 취락형태를 살펴보면 성 밖 서부, 동부, 남부에 사람들이 집중적으로 모여 취락지구를 형성하였는데 이들 연못에 모두 연꽃을 식재했다는 점으로 보아 이들을 풍류생활 및 미적 감상 대상으로 이용되었을 가능성도 있다고 판단된다.

나. 명당수 정화논쟁

한양의 중심을 관통하는 개천은 자연스럽게 도성의 하수처리의 역할을 담당했는데, 한양의 인구가 급증하자 명당수인 개천(開川, 현재 청계천)의 오염정도는 매우 심각한 상황에 이르렀다. 이에 대해 세종 26년 11월 집현전 수찬 이선로가 개천의 오염을 방지하고 도성 안을 청결케 유지하자는 계청을 올린다.

「궁성(宮城) 서쪽에 저수지(貯水池)를 파서 영제교(永濟橋)로 물을 끌어넣을 것이며, 또 개천(開川) 물에는 더럽고 냄새나는 물건을 버리지 못하도록 금지하여, 물이 늘 깨끗하도록 해야 하겠나이다.51)」

세종은 이 문제를 중신들에게 의논하게 하였고, 그 결과 성내 오

기원했음을 더욱 분명히 알 수 있다.

51) 세종실록 제106권 26년 11월 19일(갑오)
　　時集賢殿修撰李善老請於宮城西, 鑿貯水池, 引入永濟橋. 又於開川之水, 禁投臭穢之
　　物, 令水淸潔, 下其事議之.

부(五部)와 한성부 낭청(郎廳), 수성금화도감(修城禁火都監) 낭청들에게 성내의 각 가호(家戶)를 분담하여 더럽고 냄새나는 물질을 구거(溝渠)나 개천에 버리지 못하도록 감시하고, 사헌부로 하여금 명령을 어기는 자가 있으면 처벌하자는 의견으로 일치를 보았다. 그러나 집현전 교리 어효첨이 이선로의 주장에 대해 강한 반론을 제기하며 약 한달 후인 12월 21일에 상서를 올린다.

「……(생략) 신은 또 안찰(按察)하여 보오니, 동림조담(洞林照膽)이라는 풍수서(風水書)는 이것이 범월봉(范越鳳)이 지은 책이온데, 월봉은 특히 오계(五季) 때의 술사(術士)입니다. 그가 이른바 '비린 것과 냄새가 더러운 것은 자손이 쇠망하는 상징(象徵)이라.'함은 그 책의 혈맥편(血脈篇)에 있는 말이고, '명당(明堂)에 냄새나고 불결한 물이 있는 것은 패역(悖逆)과 흉잔(凶殘)의 상징이라.'함은 그 책의 흉기편(凶氣篇)에 있는 말입니다. 그 본문(本文)의 뜻을 살펴보면 다 묏자리의 길흉을 논한 것이고, 도읍(都邑)의 형세는 언급하지 않았습니다. 대저 범월봉의 생각은 필시 신도(神道)는 깨끗함을 좋아하므로 물이 불결하면 신령이 편하지 못하여서 이 같은 반응이 있다는 것이고, 국도(國都)에 대하여 논한 것은 아닙니다. 도읍의 땅에 있어서는 사람들이 번성하게 사는지라, 번성하게 살면 더럽고 냄새나는 것이 쌓이게 되므로, 반드시 소통할 개천과 넓은 시내가 그 사이에 종횡으로 트이어 더러운 것을 흘려 내어야 도읍이 깨끗하게 될 것이니, 그 물은 맑을 수가 없습니다. 이제 묘지(墓地)의 술수를 미루어서 도읍의 물까지 일체 산간(山間)의 깨끗함과 같게 하고자 한다면 사세가 능히 실행할 수 없을 뿐 아니라, 이치로 말할지라도 죽고 삶이 길이 다르고, 귀신과 사람이 몸이 다르니, 묘지의 일을 어찌 국도에 유추(類推)할 수 있겠나이까. 만약 유추할 수 있다면 지리서

(地理書)에 논한 것이 모두 다 이러한 것들인데, 그것을 다 국도에 다가 유추하여 쓸 수 있겠나이까.(생략)52)」

어효첨의 상서를 받은 세종은 <풍수서라는 것은 다 믿을 것이 못되나 옛사람들이 다 풍수서를 알고 있으니 이런 사람에게는 풍수술을 자문할 것이고 효첨 같은 자는 마음으로 풍수술을 그르게 여기니 그것에는 일하지 말게 하라>는 명을 승정원에 내리면서 결국 개천의 정화문제는 실행되지 못하게 된다. 그 당시 개천을 바라보는 시각이 단지 하수구라는 도시 기능적인 측면이 설득력 있게 받아들여진 결과였다.

이선로와 어효첨의 명당수의 정화논쟁은 두 사람 모두 합리적인 근거를 제시한 것이라 할 수 있다. 이선로는 『동림조담』 혈맥편의 '비린 것과 냄새가 더러운 것은 자손이 쇠망하는 상징이다'와 흉기편의 '명당에 냄새가 나고 불경한 물이 있는 것은 패역과 흉잔의 상징이다'라는 풍수서를 준거로 하여 하천 정화의 필요성을 역설했고, 어효첨은 이선로의 근거가 음택에 관한 것이고 양택의 경우는 그와 같을 수 없다고 반문하면서 개천을 단지 도시의 하수구로 바라보는 현실적인 입장을 취했다. 도시를 관통하는 하천이 오염이 되면 그곳은 당연히 병원균의 온상처가 되고 악취 등으로 인해 삶의 질이 낮아지는 것은 자명한 사실이고, 배수처리를 자연하수처리에 의존하는 상황에서는 더욱 심각한 상황을 초래하게 된다.

---

52) 세종 제106권 26년 12월 21일(병인)
集賢殿校理魚孝瞻上疏曰: (생략)臣又按《洞林照瞻》, 乃范越鳳之所撰也. 越鳳, 特五季一術士耳, 其所謂腥膻臭穢子孫虧損之象者, 血脉篇之辭也; 明堂有臭穢不潔之水悖逆凶殘之象者, 凶氣篇之辭也. 詳其本文之旨, 皆論葬地之吉凶也, 都邑之形勢則不之及焉. 盖越鳳之意, 必以神道尙潔, 故水性不潔, 則神靈不安而有如是之應也, 非所論於國都者也. 至於都邑之地, 人烟繁盛, 旣庶旣繁, 則臭穢斯積, 必有通溝廣川, 經緯乎其間, 以流其惡, 然後可以肅淸都下, 其水無可淸之理矣. 今欲推葬地之術, 使都邑之水一如山間之淸淨, 則非惟勢不能行, 以理言之, 死生殊途, 神人異體, 塚地之事, 豈可推之於國都乎? 若曰可推, 則地理書所論, 例皆如此, 盡可推之於國都乎? (생략)

반면 어효첨의 주장대로 한양터는 인구가 증가할 수밖에 없기 때문에 하천이 오염되는 것은 당연한 것이다. 당시 인구통계학적 계산에 의하면 조선초기 서울의 인구는 약 8만 8천명이라는 연구가 있었으나(권태환. 신용하, 1977: 299, 324) 대부분의 일반적인 견해는 약 10만 정도로 추정하고 있다. 그리고 세종 10년 윤4월 8일(기축)에는 한성부에서 계하기를 병오년(丙午年) 판적(版籍)이 지금에 와서 이루어졌는데, 「경성오부 호 16,921 구 103,328 관령(管領) 46 성저십리 호 1,601 구 6,044 관령 15」라고 기록된 것으로 보아 세종 8년(1426) 한성부의 호구는 경조5부와 성저십리를 합하여 호 18,522 구 109,372였음을 알 수 있다. 그런데 이러한 상황을 산업혁명 이전인 17세기 파리와 런던의 인구가 각각 10만에서 15만 정도였다는 것과 비교한다면, 당시 한양의 인구집중 현상을 가늠할 수 있다.

결국 1410년대에서 1430년대에 걸쳐서 완공된 개천(開川)은 200여 년 이상 동안 방치되어 사석(沙石)이 쌓여 개천의 바닥은 높아졌고 수구(水口)는 막혀 개천의 역할에 큰 지장을 일으키게 되었다. 특히 임진왜란을 겪고 난 뒤로부터는 큰 비가 오면 개천이 범람하고 도성 안은 홍수피해를 자주 입었다.

『조선왕조실록』에 나타난 홍수피해를 살펴보면, 효종 5년(1654) 6월에 폭우가 내려서 천거(川渠)가 넘쳐 흘러나와 교량이 붕퇴(崩頹)하고 가사(家舍)가 표류(漂流)하여 백성 중에 죽은 자가 생겼으니 구휼(救恤)을 하명(下命)했다는 기록이 있고[53] 숙종 36년(1710) 9월에는 <사산(四山)에서 흘러내린 사석 때문에 구거(溝渠)가 메이고 수구가 막혀서 가물면 물이 고여 흐르지 않아 악취가 풍기는가 하면 반대로 큰 비가 내리면 평지까지 물이 넘쳐 부근 인가가 해를

---

53) 효종실록 권13 효종 5년 6월 정묘

입는다>라고 기록하고 있다.54)

왕조 후기에 접어들면서 개천의 하상이 높아지고 수구가 막혀 자주 문제가 되었는데, 첫 번째 원인은 도성을 둘러싸고 있는 사산의 황폐였고 다른 하나는 관리상의 문제였다.

조선왕조는 건국 초기부터 도성을 둘러싼 사산의 산림보호에 각별한 노력을 기울여 왔기 때문에 송림(松林)이 울창하여 사석의 류하(流下)가 크게 문제되지 않았는데(손정목, 1977: 261-262) 임진왜란 이후부터 국법(國法)이 해이해지고 송충(松蟲)까지 번져서 사산의 산림이 황폐해졌기 때문에 큰 비만 오면 많은 사석이 흘러내려와 개천의 하상을 메워 간 것이다.

다른 또 하나의 요인은 개천의 유지관리상의 잘못이었다. 세종 때 명당수 정화가 실행되지 못하고 민간에 의한 오염물의 투여가 200여 년 넘게 계속되어 개천은 생활상의 각종 폐기물이 쌓여 있기 마련이었다. 특히 조선후기의 한양의 인구통계를 살펴보면, 세종 8년 109,327인 데 비해 영조 조에는 인구가 증가하여 18만에서 약 20만까지 증가되었다. 조선전기보다 약 2배가량 증가가 되었으므로 그만큼 생활폐수는 개천을 오염시키는 주 원인으로 작용되었을 것이다.

더욱 『영조실록』36년 2월 임인(壬寅)에 의하면 <개천을 준설하다가 사람의 고골(枯骨)이 나왔다는 보고를 받고 왕이 스스로의 부덕함을 탄식하고 뼈를 모아 깨끗한 곳에 헝겊으로 덮어 두었다가 준설작업이 끝나면 수구문(水口門) 밖에 단(壇)을 차려 제사를 지내주라55)>고 하교(下敎)한 기록으로 보아 당시의 개천의 오염정도가 어느 정도 심각했는지를 파악할 수 있다. 이처럼 개천의 오염정도가 심각해지고 매년 계속되는 홍수피해에 다다르자 영조는 개천 보수를 위한

---

54) 숙종실록 제49권 36년 9월 (병신)
55) 영조실록 제95권 36년 2월 (임인)

대대적인 역사를 감행하게 되었다.

지금까지 살펴본 바에 의하면, 조선시대의 하천관리에 관한 기록은 크게 세종 때 '명당수 정화 논쟁'과 영조 때 '개천의 준설'로 나타났다. 세종 때 명당수 정화논쟁은 이선로에 의해 제기되었고 그 준거는 풍수서적인 『동림조담』이었다. 하지만 어효첨의 반대 상서로 인해 '명당수 정화'는 실현되지 못하였으며, 어효첨의 논리 근거는 수도의 지리적인 특성과 개천의 도시구조적인 특성이었다. 또한 영조 때 개천의 준설 공사의 원인도 '개천의 오염'과 '하상 높이 변화에 따른 잦은 범람'이라는 도시 문제였다. 이러한 점으로 볼 때 조선시대 하천은 도시의 자연배수처리 기능으로 인식되었을 뿐 아니라 하천의 정화 작용과 준설공사도 자연 보호라는 목적보다도 도시의 문제점을 해결하기 위한 것이라 할 수 있다.

(2) 수구교쇄를 위한 비보풍수

수구(水口)란 명당수가 청룡백호가 끝나는 부분에서 만나는 지점으로 물의 출구로서 풍수에서 매우 중시하는 것으로 땅의 귀천(貴賤), 역량의 대소가 모두 수구와 관련지어 판단한다. 수구는 혈장과 명당을 경계로 하는 局內에서 가장 낮은 지점에 위치한다고 말할 수 있다. 수구가 벌어져 있거나 허하면 벌어진 공간을 통해 바람이 드나들어 기를 흩어지게 하기 때문에 수구는 반드시 좌우 청룡백호로 교쇄되어 있는 것을 이상적으로 여긴다. 만약 수구가 벌어져 있는 경우는 이를 비보(裨補)하는 다양한 방법이 있는데 이를 총칭하여 "수구막이(수구맥이)"라고 한다.

수구에 대해서는 실학자 이중환이 쓴 『택리지』와 홍만선의 『산림경

제』에서도 그 중요성이 나타나는데 이중환은 택리의 제1조건으로 '수구교쇄'를 으뜸으로 하였다. 즉 마을의 선택함에 있어 지리가 첫 번째 조건이고 지리에서도 '수구의 교쇄 여부'를 강조하면서 <수구의 형세는 닫혀져 있어야 한다>고 하였다. 또한 홍만선은 그의 저서 『산림경제』에서 <복거의 요건상 지리는 안이 널찍하면서 수구는 잘록하여야 한다. 대체로 널찍하면 재리가 생산될 수 있고 잘록하면 재리가 모일 수 있다>하였다. 뿐만 아니라 『조선왕조실록』에서도 문맹검56), 전수온은 중국 풍수서적을 근거로 '수구관쇄'에 대한 중요성을 언급하고 수구가 공결될 경우 이에 대한 수목을 식재하고, 경작을 금하며, 가산을 쌓아 비보할 것을 건의하였으며, 수구막이에 대해 당나라 때 복응천(卜應天)이 지었다고 전해지는 설심부(雪心賦)에서는 "단이나 사당이 반드시 있어야 한다"고 구체적으로 기록되어 있다.57)

『신증동국여지승람』에 의하면 "가산은 도성 수구 안 훈련원 동북쪽에 있다. 하나는 물 남쪽에 있고 하나는 물 북쪽에 있는데 흙을 쌓

---

56) 문종실록 제12권 2년 3월 3일(병신)

　　一, 明堂水口, 作三小山, 各植樹木, 鎭塞水口, 乃古人之法也. 今國都水口之內, 古人作三小山, 各植松木, 然此小山, 不在水口, 而反居水口之內, 且頹圯低微, 松木枯槁. 今普濟院之南, 旺心驛之北, 作小山或三與七, 栽松與槐柳, 令窄水口, 幸甚.

　　一, 水口人居稠密, 倉廩堆積, 然後山水之氣留泊, 固有理也. 今水口門外禮成坊, 人家稀少, 實爲未便. 人民欲居者, 並令折給.

1. 명당(明堂)의 수구(水口)에는 3개의 작은 산을 만들어, 각기 나무를 심어서 수구(水口)를 진압하고 막게 하는 것이 곧 옛날 사람의 법입니다. 지금 국도(國都) 수구(水口)의 안에 옛날 사람이 3개의 작은 산을 만들어 각기 소나무를 심었지마는, 그러나 이 작은 산이 수구(水口)에 있지 않고서 도리어 수구(水口)의 안에 있고, 또 산이 무너져서 낮으며 소나무는 말라 죽었습니다. 지금 보제원(普濟院)의 남쪽과 왕심역(旺心驛)의 북쪽에 작은 산을 혹은 3개나 7개를 만들어 소나무와 홰나무·버드나무를 심어서 수구(水口)를 좁게 한다면 매우 다행하겠습니다.

1. 수구(水口)에 인가(人家)가 빽빽하게 많이 있고, 창름(倉廩)이 많이 쌓여 있어야만 산수(山水)의 기운이 유박(留泊)하는 것은 진실로 이치가 있습니다. 지금 수구문(水口門) 밖의 예성방(禮成坊)은 인구가 희소(稀少)하니 실로 미편합니다. 인민(人民)으로서 거주하려고 하는 사람은 모두 나누어 주소서.

57) 卜應天, 雪心賦, 十八章 (in. 地理天機會元, 武陵(臺北), 1995: p.68. "壇廟必居水口"

아 산을 만들었으니 지기가 빠져나가지 못하게 하기 위함이다.”58)라
고 하였다.

『조선왕조실록』에서 가산에 대한 기록을 살펴보면 태종 9년 3월
2일 을사조에 <종묘의 남쪽에 가산을 더 높이 쌓았다59)>고 하였으
며, 동왕 13년 3월 1일 경진조에 <종묘 남쪽 조산(造山) 밖에 마땅
히 울타리를 두루 둘러치고60)>라는 기록이 보인다. 하지만 종묘 남
쪽의 가산의 위치는 현재로서는 알 수 없고 왜 조성했는지에 대한
기록도 나타나지 않았다.

도성도에 나타난 것처럼 종묘의 남쪽이면 한양의 동쪽에 해당되는
것이며 더욱 개천이 흘러가고 있는 것과 중첩이 되고 경관적으로 동쪽
지세의 허함을 보충하게 된다. 따라서 이 조산의 조성목적도 혈처인
경복궁에서 수구의 공결함을 막는 역할을 담당했을 것이라 판단된다.

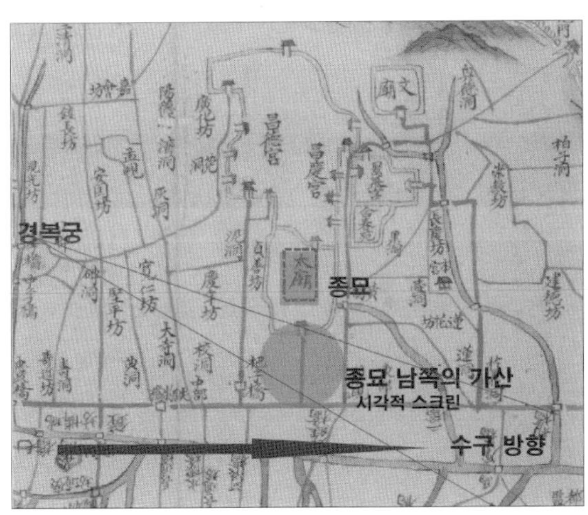

그림 18. 종묘 남쪽의 가산

---

58) 『신증동국여지승람』. 경도 상
59) 태종실록 제17권 9년 3월 2일(을사)
60) 태종실록 제25권 13년 3월 1일(경진)

명당수와 관련한 조산(造山)의 기록을 살펴보면, 세종 30년 전수온의 상서에서 <도성(都城) 안과 사청(射廳)61) 곁에 인조(人造)로 만든 산(山)이 있다>고 하였고, 문종 2년 문맹검의 상서에서 <국도(國都) 수구(水口)의 안에 옛날 사람이 3개의 작은 산을 만들어 각기 소나무를 심었다>는 기록이 보이고 성종 1년 2월 <흥인문(興仁門) 안의 조산(造山) 세 곳이 또한 무너졌다>는 언급을 접할 수 있다.

이러한 기록으로 볼 때 조선초기 수구와 관련되어 조성된 가산은 모두 세 곳인데 두 곳은 『신증 동국여지승람』에서 기록한 훈련원의 동북쪽의 가산을 말하는 것이며, 나머지 하나는 위에서 언급한 종묘 남쪽의 가산일 가능성이 높다. 그러나 가산과 관련된 실록의 대부분이 가산이 허물어져서 보수하자는 내용으로 보아 수구의 조산이 방치되었음을 알 수 있다. 이후 명종 1년 8월에는 <수구문안의 동지를 다시 수리하라>고 하였으며 동왕 2년 5월에는 <동지를 다시 파게 하고 조산을 다시 수축하라>는 전교가 있었던 것으로 보아 가산은 공결한 수구를 비보하는 목적으로 조성되었음을 파악할 수 있다.

수구막이로서 가산 이외에 선조 때에는 동관묘가 흥인문 밖에 조성되었다. 조선시대에 관왕묘(關王廟)가 처음 세워지게 된 것은 임진왜란 때였다. 선조 31년(1598) 4월에 명(明)의 유격진인(遊擊陳寅)이 임진·정유의 난에서 관왕묘의 영(靈)이 나타나 신병(神兵)으로 조전(助戰)하였다고 하며 그가 머물고 있던 남산기슭에 관왕묘를 세워 그 안에 관우(關羽)와 주창(周倉)의 초상을 모시게 된 데 비롯한다. 경리(經理) 양호(楊鎬) 및 명(明)의 여러 장군들이 모두 은(銀)을 바쳐 이 창건을 도

---

61) 활을 쏘는 장소인 활터. 사장(射場)이라고도 하며, 조선 태조는 서울을 한양으로 옮기고 도성 동편에 교장(敎場) 훈련원을 설립하였는데 태종은 이곳에 사청(射廳)을 세우고 무과의 시험장소로 정하였으며, 동시에 무인과 군졸이 습사할 수 있게 하여 최초의 관설사장이 되었다.

왔을 뿐 아니라 조선 왕실에서도 그 비용의 일부를 부담하여 남관왕묘를 조성한 것이었다.62)

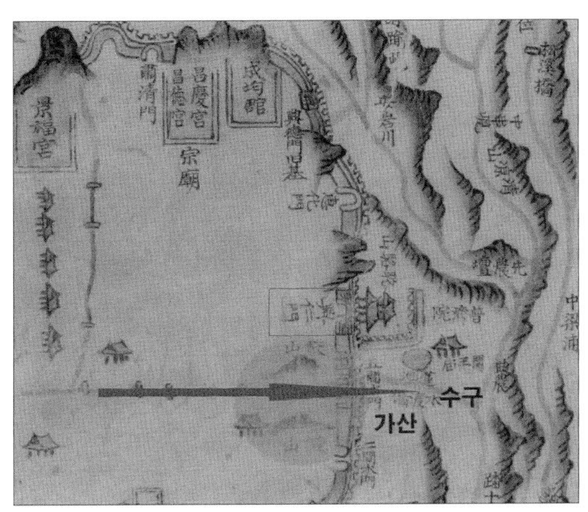

그림 19. 수구막이로서 가산

명장이 처음 세운 관왕묘는 남대문밖 도동(桃洞)에 세워졌던 것이었으며 이 관왕묘가 세워지고부터 군신(軍神)으로서의 그 영험이 점차 커지게 되었다. 이와 같이 명장들에 의하여 세워진 관왕묘가 군신(軍神)으로서 그 신앙이 인식되자 선조 32년 4월에 이르러 또 다른 관왕묘건립에 대한 왕의 교(敎)가 승정원에 내려지고 윤4월에는 그 추진에 대한 구체적인 검토까지 이루어져 그 결과 새로 세우게 될 관왕묘는 동대문 밖으로 그 장소를 마련하게 되는데 이 일에 참여한 사람은 박상의였다. 그러나 선조가 처음부터 박상의를 신임한 것은 아니었으나63) 윤근수가 박상의의 술법을 두둔하여 선조를

---

62) 선조실록 제99권 31년 4월 정축, 『증보문헌비고(增補文獻備考)』 권64 예고(禮考) 제 묘(諸廟)

설득시킨다.

이때의 『선조실록』의 기록을 살펴보면, '동쪽의 허한 곳에 묘우(廟宇)를 세워서 진압하라'는 원칙이 새로 조성될 관왕묘의 입지조건이었다.

「생략……이렇게 보면 새로 지정한 곳은 바로 조산 곁이 되며 또 동쪽의 허한 곳에 자리하여 지리서의 결함처를 보충한다는 뜻에도 합치되는데다가 묘우(廟宇)를 세워서 진압하라는 유원외의 말과도 합치되고, 또 협착한 곳에서 수구를 막는다는 말에도 일치됩니다. 신이 비록 분명히 알 수는 없으나 적합한 곳이 될 것 같기에 황공하게도 감히 아룁니다.[64]」

결국 동관묘는 1599년 착공되어 1601년에 관우의 사당이 흥인문 밖에 세워진다. 동묘의 주산은 현재 동망정(東望亭)이 있는 작은 봉우리이다. 이 산은 한양의 청룡에 해당되는 낙산의 곁가지로서 외청

---

63) 선조실록 제115권 32년 7월 14일(신유)

海平府院君尹根壽 [爲人輕妄無威儀, 只以文藻緣飾.] 啓曰: "臣昨夕聞韓同知、孫中軍欲作東大門外, 同相更卜之地, 今早臣率朴尚義, 先到其處, 更相山脉. 朴尚義因言: '前相瓜田之北, 正當永民亭, 洞口後面似虛, 須稍移於瓜田之東五丈許, 以卜廟址, 則其後面, 正連高崗山脉, 且近造山, 極是關鎖水口之地' 云. 臣以此意, 先說與韓旗牌, 俄而同知、中軍一時出來, 令表憲告以小邦建都之初, 能解地理人謂東邊似虛. 以此至造假山, 山上樹以林木, 期欲關鎖水口, 兵亂時, 樹木無存. 今天朝爲小邦建廟, 一國上下之意, 皆欲建於造山之傍, 以鎭水口. 仍告更卜之地, 則同知、中軍皆曰: '國王欲建廟處建之, 實當' 云. 同知及中軍, 自位幕, 出看新卜之地曰: '此地極好.' 俱出後, 臣又告旗牌曰: '前日卜地開基時, 曾有告后土之祭. 今則當於何日告祭?' 旗牌曰: '十七八兩日中行之, 今日當稟定於經理' 云. 旗牌去後, 臣令朴尚義, 審定坐向, 則尚義曰: '此地與瓜田, 向背稍異, 須用亥坐巳向, 以安靜窟岾爲案山. 水破, 乙地四祿破, 比瓜田尤能關鎖, 水口甚吉' 云. 廟地定於所願之處, 此則表憲周旋之力. 此意惶恐敢啓." 答曰: "予不知≪靑烏錦囊≫之書, 望氣、步山之術, 卿詳審至此, 足見爲國盡忠, 無任感歎. 予但聞國都, 靑龍低而東方虛, 劉員外面說於予曰: '東門外須建廟以鎭之.' 適會有關廟之建, 故所以必於東門外是請, 而卿又忠勤如此, 萬世永賴, 是乃功矣. 第聞朴尚義者, 其術頗怪, 其言似不足信. 且其處, 謂之南山走脉則可, 何以謂之白虎走脉乎? 更爲回啓."

64) 선조실록 제115권 32년 7월 14일(신유)

룡에 되나 그 지형은 매우 낮다. 경복궁의 뒷산 북악산의 주맥 흐름을 임좌북향으로 거의 남향으로 보고 궁궐을 지었음을 생각하면 북악의 주능선과 그 청룡인 낙산 및 외청룡인 동망정이 위치한 산 능선이 모두 평행방향을 이루었음을 의미한다. 즉 청룡이 경복궁을 향해 감싸지 않고 평행선을 그었다는 것은 이곳 청룡의 끝 부근에 형성된 수구가 허약함을 의미한다.(김두규, 2000) 따라서 흥인문 밖에 조성된 동관묘는 수구의 공결한 것을 보충해 주기 위해 비보풍수로서 그 원리는 수구가 교쇄해야 한다는 설심부의 이론을 적용시킨 예라 할 수 있다.

그림 20. 옛 동관묘 모습

이상에서 살펴본 것과 같이 정도과정에서 한양의 결점으로 대두되었던 명당의 수량부족과 수구의 공결함은 다양한 방법에 의해 보완되었다. 명당의 수량부족은 곧 화재발생 시 더욱 심각한 재난을 초래시키고 수구의 공결함은 전통 택리관에 가장 금기시했던 것으로 조선시대 전반에 걸쳐 이 두 결점을 보완하려는 노력이 계속되었으며 주된 방법으로는 동서남북에 연못을 조성했으며 수구에는 가산을 쌓아 형국을 보완했다. 또한 한양의 명당수인 개천의 정화문제에 대해서는 세종 때 이선로에 의해 제기되었으나 당시 상황으로는 개천의 역할이 단지 자연하수처리 기능으로 인지하여 어효첨의 논리를 따르게 되었다. 그러나 200여 년 후 방치된 개천은 그 오염 정도가 심각하고 하상이 높아져 범람을 초래시키는 등 많은 문제가 초래되자, 영조 때 하천의 준설 작업과 석축공사를 대대적으로 실시했다.

한양의 녹지보전정책

한양의 녹지보전정책

1. 한성 5부 및 성저십리의 지역적 특성

한양의 관리 체제는 수도라는 특성으로 인해 왕실과 한성부에서 중층적으로 담당하고 있다. 한성부의 관리범위는 『세종실록지리지』, 『속대전』, 『사산금표도』도에서 파악할 수 있는데, 대체적으로 내사산(內四山)을 연결시키는 도성 안과 도성 밖 10리까지라고 할 수 있다. 그러나 도성 밖 10리까지라 하더라도 그 경계는 산능선이나 하천으로 하였기 때문에 10리가 넘는 곳도 있지만 원칙적으로 도성으로부터 10리까지로 하였다.

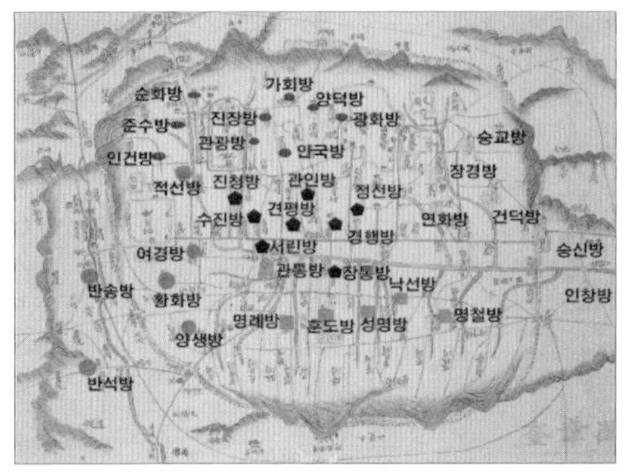

그림 21. 도성도에 나타난 5부 43방

『속대전(續大典)』의 기록된 성저십리의 범위는 동쪽으로 대보동(大菩洞)으로부터 수유현(水踰峴), 우이천(牛耳川), 상하벌리(上下伐里), 장위(長位), 송계교(松溪橋)를 거쳐 중랑포(中浪浦)에 이르는 川까지 남쪽으로 전관교(箭串橋)로부터 신촌(新村), 두모포(豆毛浦)를 거쳐 용산(龍山)에 이르는 강, 서쪽으로 마포(麻浦)로부터 망원정(望遠亭), 성산(城山), 사천도(沙川渡), 시위동(時威洞)을 거쳐 석관현(石串峴)에 이르는 강과 천 그리고 북쪽: 석관현(石串峴) 서남 합류하는 곳으로부터 대조리(大棗里), 연서구관기(延曙舊館基), 아미(蛾眉山), 저서현(猪三峴), 보현봉(普賢峰)을 거쳐 대보동(大菩洞)에 이르는 산등성이라고 하였다.

『사산금표도』에 의하면 동북쪽의 우이천(牛耳川) 발원지로부터 시작하여 우이천 하류·장위동·중랑포·전충교·두모포·한강·망원정·성산리·아미현·대조리·연서구관기·아미산·비봉·문수봉·북한산·삼각산을 거쳐 다시 우이천 발원지로 이어지는 범위라 할 수 있다.

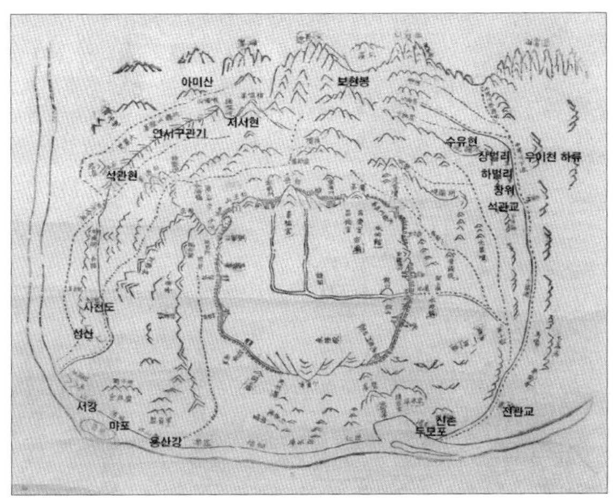

그림 22. 사산금표도

이러한 범위는 서울특별시 행정구역 중에서 한강 이북의 약 5 / 6
정도의 면적에 해당하며 대체로 강남 개발 이전인 1960년대의 서울
과 거의 비슷하다.(박경룡, 1995: 17)

한성부의 관리구역에 대한 『조선왕조실록』의 기록을 살펴보면, 일
정 지역에 일체의 개발행위를 금지하는 기사(記事)가 나타나는데 크
게 내사산(內四山)과 외사산(外四山)에 대한 보호와 도성 안의 주
요 지역에 민가조성을 금지시켰다. 한양의 금산 및 금표제는 실용적
인 목적을 위주로 했던 지방의 금산(禁山)과 달리 엄격한 통제가
이루어졌는데, 주로 한성부가 채석금지, 벌목금지, 입장금지, 민가조
성 금지 등 일체의 개발행위를 금지시켰다.

그러나 성저지역에 대한 통제는 세종에서 중종 때에 이르는 조선
전기에 주로 나타나고 있으며 연산군대에 이르러서는 그 범위가 점
차 확대되고 법적인 규제 또한 엄격했으나 그 후에는 금산 및 금표
에 대한 법적인 효력이 저하되는 양상을 보였다. 이러한 현상은 왕

권(王權)과 신권(臣權)의 이해관계에서 파악될 수 있는데, 왕권이 강화된 시기에는 한양의 주변에 대한 엄격한 규제정책이 실효를 거두었으나, 그 뒤에는 신하들의 경제적 이익이 우선시되었다.

(1) 동 부[138]

동부의 성저 지역은 성저십리의 동쪽 경계를 이루는 중량천을 비롯하여 여러 하천이 존재하는 지역이다. 우이천과 만나 남류하던 중량천이 정릉천과 만나 도성을 가로질러 동서로 흐르던 개천과 합류해 한강으로 유입되던 지역이다. 따라서 이 지역은 하천 주위에 충적지가 길게 형성되고 전반적으로 지대가 낮았다. 동부지역의 취락은 지대가 낮고 농사에 유리한 조건을 갖추고 있었고 도성의 수구에는 인가가 많이 있어야만 산수의 기운이 머문다는 풍수지리의 원리에 따라 수구문 밖에 의도적으로 인가를 유치했다.[2] 이 곳은 두모포, 한강 나루와 연결되고 한반도 동북부 방향과 연결되는 지역이므로 조선 초부터 동대문과 수구문 밖에 취락이 형성되었고[3] 보제

---

1) 동부는 혜화문과 개천사이의 범위에 해당한다고 할 수 있으며 성 밖의 지역은 오늘날 동대문 밖 창신동, 왕십리동, 마장동, 답십리동, 전농동, 청량리동, 제기동, 회기종, 중량포,, 장위동, 신설동, 안암동, 창동, 종암동, 수유동, 정릉, 번동, 월곡동, 우이동 일대이다.(이현군, 1997)
2) 문종실록 제12권 2년 3월 3일(병신)
3) 세종실록 제24권 6년 4월 18일(계해)
   漢城府啓: "都城內人多地窄, 凡欲受家基者, 以他人曾受之地, 或稱空基, 或稱造家餘地, 多端爭望, 斷訟無日. 請東大門、水口門外造家可當處, 依南大門外盤石坊、盤松坊例, 府與戶曹共審, 定限域坊名, 折給無家人." 從之.
   한성부에서 계하기를, "도성 안에 사람은 많고 땅은 비좁아서 대체로 집터를 받고자 하는 자는, 딴 사람이 일찍이 받은 땅을 혹 빈 터라 하며 혹 집 짓고 남은 땅이라 하여, 백단(百端)으로 다투어서 송사가 끊어지는 날이 없습니다. 남대문 바깥 반석방(盤石坊)·반송방(盤松坊)의 예(例)에 의거하여, 동대문 쪽 수구문(水口門) 바깥에 있는 집짓기에 적당한 곳을 본부(本府)에서 호조와 함께 살펴, 한계와 동리 이름을 정

원과 노원역이 있어 외방지역과 도성 안을 연결하는 결절점이었다.

1789년 한성부 성안과 성 밖의 호구분포를 살펴보면 동부는 성안이 3,950호, 18,414명이며 성 밖이 3,752호, 11,569명으로 나타났다.(조성윤, 1992: 46 원자료 호구총수)

한편 성저십리의 보호정책과 관련하여 살펴보면 세종 때에도 벌아현에서 노원까지 소나무를 식재하였으며[4] 문종 때에는 보제원에서 노원역까지 개발행위를 금지시켰다.[5] 또한 성종 원년 9월 26일 노원역을 기점으로 노원역에서 벌아현까지 노원역에서 보제원까지 숲을 조성했으며[6] 인조 때에도 도성의 수구인 두모포에서 채석하는 것을 금지시켰다.[7]

이처럼 동부 성 밖 지역에 대한 성저십리의 보호정책은 조선전반에 걸쳐 이루어졌는데, 이는 수구가 교쇄해야 한다는 풍수 원리가 작용되었다고 할 수 있다.

해서 집 없는 사람에게 떼어 주기를 청합니다.”하니, 그대로 따랐다.
세종실록 제26권 6년 11월 14일(을유)
漢城府啓: “請將東大門外及水口門外之地開川下流以北, 屬東部, 分爲二坊, 曰崇信, 曰昌仁; 以南屬南部, 分爲二坊, 曰禮盛, 曰誠身. 願受家基者, 依科折給.” 從之.
한성부에서 계하기를, “동대문 밖과 수구문(水口門) 밖의 개천 하류 이북의 땅을 동부(東部)에 부속시켜 이방(二坊)으로 나누어 숭신(崇信)·창인(昌仁)이라 이름하고, 이남을 남부(南部)에 부속시켜 또한 이방으로 나누어 예성(禮盛)·성신(誠身)이라 이름하고, 집터를 원하는 자는 규정에 의하여 분할하여 주소서.”하니, 그대로 따랐다.
4) 세종실록 제80권 20년 1월 19일(갑진)
5) 문종실록 제8권 1년 6월 26일(계사)
6) 성종실록 제7권 1년 9월 26일(신축)
7) 인조실록 제50권 27년 3월 23일(임오)

(2) 서 부[8]

　조선전기 도성 밖 서부는 남대문과 서대문 사이의 도성 인접지역이다. 서부의 도성 밖 지역은 만초천이 흐르고 있으며 서대문과 남대문 사이는 조선초기 태조때부터 반석방, 반송방으로 지정되어 5부에 정식으로 편입된 지역으로[9] 의도적으로 인구를 집중시킨 곳이다. 반석방과 반송방은 안현에서 시작하여 아현, 청파로로 이어지는 고지대와 도성을 사이로 발달한 저지대를 중심으로 취락이 형성될 수 있는 조건을 갖추고 있었다. 특히 남대문은 도성의 정문이었고 서대문은 도성의 서쪽 방향 출입문으로 조선초기부터 이 두 대문 사이는 취락이 발달할 수 있는 조건을 갖추었다. 18세기에 들어 용산방과 서강방이 서부에 포함되었는데 용산강은 배로 실어 온 세곡을 군자 강감과 풍저 강창에 저장하던 곳으로 조선 초부터 경상, 강원, 충청, 경기 4도의 수세수송선이 한강 상류를 통하여 도착하던 곳이었다. 서강은 세곡을 광흥 광창과 풍저 강창으로 거둬들인 곳으로 황해, 전라, 충청, 경기의 조운선이 닿던 장소였다. 그리고 마포는 용산강 아래 있는 나루로서 한강 상류를 통해 땔나무 등을 실은 배가 들어오고 하류에서는 서해의 어물이 주로 들어오는 곳이었다.[10] 따라서 이 지역들은 전 국토의 물자를 장악할 수 있었던 것이며 한강변에 취락이 형성하는 배경이 되었다. 1789년 서부의 호구는 성

---

8) 서부는 인왕산에서 내려오는 개천이 도성 안에서 북부와 경계가 되고 남대문로에서 남부와 나눠지고 남대문에서 서대문 부근 사이에 반석방, 반송방이 설치된 점으로 보아 남대문에서 용산 서강까지 성벽을 따라 남대문에서 인왕산 남쪽까지가 그 영역이며, 도성 밖 서부에 해당하는 지역은 지금의 행촌동, 신촌동, 도동, 만리동, 청파동, 효창동, 공덕동, 상수동, 하수동, 신창동, 마포동, 토정동, 대흥동, 염리동, 창천동, 하중동 일대이다.(이현군, 1997)
9) 세종실록 제24권 6년 4월 18일(계해)
10) 세종실록지리지, 동국여지승람 제3권 한성부, 서울특별시사 편찬위원회, 1972: 274, 276.

안이 3,830이고 성 밖이 12,541이고 인구는 성안이 20,187명이고 성 밖은 48,007명으로 나타났는데, 이는 성 밖의 전체 호구인 21,835의 약 57%에 해당하는 것으로 성 밖의 인구의 절반 이상이 서부에 집중되고 있음을 알 수 있다. 이렇게 성 밖의 인구와 호가 비약적으로 발전한 것은 용산방과 서강방이 무역 중심지로서 서부에 포함되었기 때문이라 할 수 있다.

한편 성저십리의 보호정책과 관련하여 살펴보면 세종 때에는 청파역(靑坡驛)에서부터 남산에까지 소나무를 식재하도록 하였으며[11] 성종 때에도 우장산 및 사현에서 청파역 북쪽고개까지 경작을 금하게 하고 잡목을 심어 산맥을 보호하고자 하였다.[12]

(3) 남　부[13]

남대문에서 동쪽으로 개천의 수구에 이르는 성저 남부지역은 도성 안에서 한강을 건너 한반도의 남부지방으로 나가는 통로 중간지점이다. 남부의 성저지역에는 조선전기 4원 중 이태원과 전관원 2원과 청파역이 설치된 곳이다. 남대문에서 나온 길은 청파역에서 갈라져 동작진, 노량진, 서빙고진 등의 한강 나루들로 이어지고 이태원은 남대문에서 나온 길이 한강진과 동작진으로 갈라져 나가는 교차지점에 위치하고 전관원은 동대문, 광희문을 통해 나온 길이 전관교를 지나 부산까지 이어지는 중간 결절지에 해당한다. 따라서 도성

---

11) 세종실록 제61권 15년 7월 21일(임신)
12) 성종실록 제7권 1년 9월 26일(신축)
13) 남부는 경복궁 앞에서 동류하는 개천 이남의 도성 안, 밖, 경복둥에서 남대문 사이의 지역, 성 밖으로 흘러나온 개천과 남대문 사이의 지역을 영역으로 하고 있다. 개천과 남대문을 기준으로 한 남부는 신당동, 성수동, 금호동, 옥수동, 한남동, 보광동, 이태원동, 청파동, 용산동, 후암동, 남영동, 동빙고동, 서빙고동을 포함한 지역이다.

밖 남부지역은 한성부 밖과 도성을 연결하는 교통의 결절지로서 도성 안으로 숭례문에서 경복궁까지 직접 연계성을 지니며 외방으로는 한강 이남의 전지역과 육상으로 연계된다고 할 수 있다.

성저십리의 보호정책으로는 제천정, 두모포, 동빙고, 한강 일대에 인가 철거조치가 취해졌으며 청파역을 중심으로 수목을 조성하고 산림 훼손 행위를 금지하는 행위 등이 나타났다.

(4) 북 부14)

도성 밖의 북부지역은 북한산, 백악산, 인왕산, 안산, 노고산이 연결되어 있어 전반적으로 고지대에 속하는 지형적 특성으로 통행에 불편하고 주거지로 적당하지 않아 조선전기에 있어서는 5부의 정식 명칭을 가지지 못하였으며 18세기에 비로소 상평방, 연은방, 연희방이 새로 북부에 포함되었다.

북한산에서 북악산으로 연결되는 이 곳은 원칙적으로 산림훼손과 개발이 금지되어 있었으며 이 지역으로의 통행과 취락형성은 극도로 통제되었다. 북부 성 밖 지역은 조선전기에 있어서는 한성부에 포함되기는 하였으나 거의 미개발 상태로 남아 있었다. 도성북부지역은 도성의 남쪽에 집터로 분배할 곳이 없었던 중종 33년에 가서야 창의문 밖의 지역이 공식적으로 집터로 분배되었다. 1789년15) 한성부 북부의 호구분포를 살펴보면 성안 호수가 3,334호 성 밖 호수는 2,470호이었으며 인구는 성안이 16,291호명 성 밖은 7,998명로 나타났

---

14) 북부는 북한산, 인왕산, 안현, 아현, 와우산으로 연결되는 산맥의 서쪽이며 도성 밖 북쪽에 해당하는 지역은 현재의 평창동, 부암동, 홍지동, 홍제동, 서교동, 동교동, 망원동, 연희동 일대이다.

15) 1788년(정조 12년)에 상평방, 연은방, 연희방이 새로 북부에 포함되었다.

는데 이는 다른 지역의 호구 수에 가장 낮은 분포를 차지하고 있다.

2. 한성 5부 및 성저십리의 보호정책

조선시대 자연보호적인 측면을 살펴보면 금산 및 봉산제도 그리고 금표제도에 따른 민가철거 등이 있었다. 도성을 둘러싼 성저십리의 위치적인 특성은 성저십리의 산림이나 토지이용을 제한하는 배경이 되었다. 성저십리의 보호정책은 기본적으로 궁궐을 중심으로 도성의 내맥을 보호하려는 의도와 도성의 사산에 대한 벌목과 채석 금지규정이 있었고 그 후 세종말기와 문종 초에 이르는 기간 동안에 금산의 공간적 범위가 성저에 위치하는 역, 원, 고개 등 주요시설이나 지형지물을 연결하는 선으로 확정되었다.

이러한 사산금표제가 도성의 내외사산을 네 구역으로 나누어 성첩(城堞)과 수목 등을 보호하는 일을 하기 위해 표시해 둔 것이라면 금표제도는 도성 내의 도시계획상 금하는 지역으로 사산금표와는 그 내용과 목적이 상이한 차이를 보이고 있다. 한편 한양의 사산지역을 금하는 것 이외에 '표를 세우고 민가조성 등의 개발행위를 금한다'라는 기록이 자주 언급된다. 금산, 사산금표, 금송 등이 주로 내사산과 관계되어 있는 지역이라고 한다면 '표를 세우고 개발행위를 금한다'라는 것은 주로 궁궐이나 종묘 등과 같이 한양의 주요 지역 인근지역을 의미하는 것으로 공간적 범위에 대해 약간의 차이로 보이고 있다. 이에 대한 『조선왕조실록』의 주요 용례를 살펴보면 표-8과 같다.

표 8. 『조선왕조실록』에 나타난 금산, 금표, 내외사산의 용례

구 분	용 례	비 고
금 산	금산(禁山)의 소나무에 벌레가 먹었다.	태종 033 17 / 04 / 28(갑신)
	금산(禁山)의 소나무를 베거나 가지를 치는 사람을 금지하기가 어려운데,……(생략)……형률(刑律)로써 논할까 합니다.	세종 018 04 / 12#22(을해)
금 표	동소문 밖 금표를 옛 한계로 다시 물러서 안암사(安庵寺)도 헐라.	연산 054 10 / 07 / 23(신해)
	궁성에서 1백 자 되는 곳에 집 짓는 것을 금지하는 것	중종 001 01 / 10 / 29(갑술)
	종묘의 담장 밖 13척 이내의 인가를 철거	중종 026 11 / 10 / 07(을묘)
내외사산	내외(內外)의 사산(四山)에 경작(耕作)을 금해야 할 땅	성종 018 03 / 05 / 05(신축)

『조선왕조실록』의 기록을 살펴보면 금표제가 강력히 작용되었던 시기는 연산군조라 할 수 있는데 『연산군일기』에만 의한다면 금표제의 목적은 단순히 왕의 유희를 목적으로 궁궐을 바라다 보이는 민가를 철거시킨 것으로만 파악할 수 있다. 그러나 연산군의 뒤를 이은 중종 때 금표 안에 철거된 민가를 둘러싼 임금과 대신들의 논의과정을 살펴보면 연산군 때의 민가철거가 단순히 왕의 유희만을 위한 것이 아니라 한양 도시의 재개편이라는 측면에서 바라볼 수 있는 여지를 남긴다. 따라서 본 장에서는 조선시대 성저십리에 대한 보호정책의 일환인 금산제도와 금표제도의 목적과 범위 그리고 관리적인 측면을 살펴보았다.

(1) 금산제도

금산제의 목적은 도성의 숭엄을 유지하기 위한 목적으로 금산이 조성되었다는 것(이만우, 1974)과 자연보호적인 사고에서 형성된 것이라는 견해(이숭녕, 1985)가 있다. 『문종실록』의 기록에 의하면 문종은 지형이 낮은 낙타산에 사람들이 집을 지어 지맥을 손상하기 때문에 예조, 한성부, 풍수학에 이르러 표를 세우고 소나무를 심어서 산맥을 비보하라고 명한다. 같은 해 6월 문종은 산맥의 보호를 위해 모든 산등성이를 한계로 하여 돌을 채취하는 것을 금지시키는 명을 한다.16) 실록의 기사를 살펴보면 내외사산에 일정구간을 정하고 나무를 심고 돌 캐는 것 등의 개발행위를 금지시킨 이유는 지맥의 보전을 위한 것이라 명시하고 있다. 특히 국가에서 사용할 일이 있더라도 돌을 캐지 말도록 한 것은 한양주변산세의 보호정책을 왕실이 적극적으로 추진하겠다는 강력한 의지가 담겨져 있다. 여기서 특이할 만한 사항은 '지맥보전'이라는 것인데, 이는 풍수지리의 논

---

16) 문종실록 제7권 1년 4월 18일(병술)
　　風水學啓: "景福宮, 白虎高峻, 靑龍低弱, 故於架閣庫北山來脉, 栽松培養, 近年虫食, 過半枯槁, 其不枯者, 傍近無識之徒, 剪伐枝幹, 或鑿脉穴造家. 由是靑龍日益殘微, 請立標定限, 植松以補山脉." 命禮曹與漢城府風水學, 同審植標.

　　풍수학(風水學)에서 아뢰기를, "경복궁(景福宮)은 백호(白虎)가 높고 험준하나, 청룡(靑龍)이 낮고 미약하므로 가각고(架閣庫) 북쪽 산의 내려온 맥(脉)에 소나무를 심어 길렀는데, 근년에 벌레가 먹어서 반이 넘게 말라 죽었으며, 그 마르지 않은 것도 근방의 무식한 무리가 가지와 줄기를 베어 쳤고, 혹 맥혈(脉穴)을 파고서 집을 짓기도 하였습니다. 이로 말미암아 청룡이 날로 더욱 쇠약하여지니, 청컨대 표(標)를 세워서 한계를 정하고 소나무를 심어서 산맥을 비보(裨補)하게 하소서."하니, 예조와 한성부의 풍수학에게 명하여, 함께 살펴서 표를 세우게 하였다.

　　문종실록 제8권 1년 6월 26일(계사)
　　議政府據工曹呈, 啓: "都城四山伐石之禁, 已有著令, 然不爲限域, 故伐石者多, 甚爲未便. 請自今城內則四山, 城外則東至普濟院＾盧原驛, 南至伐兒峴＾靑坡驛, 西至沙峴, 並以山脊爲限, 雖有國用, 勿令伐石, 以全地脉." 從之.

　　의정부(議政府)에서 공조(工曹)의 정문(呈文)에 의거하여 아뢰기를……(중략)……모두 산등성이로 한계를 삼아서, 비록 나라에 쓸 일이 있더라도 돌을 캐지 말게 하여 지맥(地脉)을 보전하게 하소서."하니, 그대로 따랐다.

리에 근간을 두고 있다. 금산제도와 풍수지리와의 관계성은 '지맥보전'이라는 목적뿐 아니라 풍수학인이 금산지역을 정했다는 성종 3년 5월 5일 기록과 중종 11년 1월 28일 기록에 의해 더욱 뒷받침된다.[17] 즉 금산을 정하는 것은 주된 업무는 관상감에서 담당하였는데 관상감이란 조선시대 천문·지리·역수(曆數)·점산(占算)·측후(測候)·각루(刻漏) 등에 관한 일을 담당했던 관청이며, 풍수학은 상지관으로서 조선시대 관상감(觀象監)에 속하여 궁궐터, 능터 등을 잡는 일을 맡아보던 관직이다. 관상감과 풍수학인이 금산지역을 정했던 이유는 한양에 영향을 미치는 주된 산맥을 보전하겠다는 의도가 담겨져 있다.

특히 성종 즉위년 9월 26일의 예조에서 올린 기록과 성종 12년 1월 20일 좌의정 윤필상이 올린 상서에서는 개국 초부터 한양의 내사산을 보호하고 나무를 심어 낙산의 지형을 보호하려 했으며 20척의 한계를 세워 일체의 개발행위를 금지시켰다고 기록되어 있다.[18]

---

17) 성종실록 제18권 3년 5월 5일(신축)
   傳于漢城府曰: "內外四山應禁耕之地, 府及觀象監提調, 率風水學, 審定立標."

   한성부(漢城府)에 전지하기를, "내외(內外)의 사산(四山)에 경작(耕作)을 금해야 할 땅을, 본부(本府)와 관상감제조(觀象監提調)가 풍수학(風水學)을 거느리고 살펴 정해서 표(標)를 세우도록 하라."하였다.

   중종실록 제23권 11년 1월 28일(경술)
   傳于漢城府曰: "景福宮、昌德宮主山及來脉、山脊、山麓禁耕, 外山則只禁脊, 漢城府與四山監役檢擧, 令觀象監, 審視山脊、山麓, 臨壓禁忌處, 勿給立案, 犯禁造家者, 撤去治罪."

   한성부(漢城府)에 전교하였다. "경복궁(景福宮)·창덕궁(昌德宮)의 주산(主山) 및 내맥(來脈)의 등성이와 산기슭은 경작(耕作)을 금하되, 외산(外山)은 등성이만을 금하여 한성부(漢城府)와 사산감역(四山監役)이 단속하니, 관상감(觀象監)으로 하여금 등성이와 산기슭을 살펴보게 하여 임압(臨壓)하여 금기(禁忌)가 되는 곳은 입안(立案)을 주지 말고, 금령(禁令)을 범하여 집을 지은 자는 헐어 없애고 죄를 다스리라."
18) 성종실록 제7권 1년 9월 26일(신축), 성종실록 제125권 12년 1월 20일(을미)

낙타산은 한양의 사산 중 청룡에 해당하는 것으로, 산세의 미약함이 개국 초부터 문제시되었다. 태조 때에 동대문만 유일하게 옹성으로 조성했던 이유도 낙타산이 미약하고 동대문일대의 지대가 낮아 쉽게 범람했기 때문이다. 이러한 문제점을 보완하고자 나무를 심고, 통행을 금지시켰으며, 일정구역을 지정하고 일체의 개발행위를 억제하였다. 그러나 『조선왕조실록』의 기록에서 살펴보면 금산의 설치목적은 정도 초기부터 문제가 되었던 낙산의 미약함을 보충해 줄 뿐 아니라 전체적인 한양의 주변 산세에 대한 보호가 목적이며, 그 일을 정하는 기관과 사람이 관상감과 풍수학이라는 점을 볼 때 금산제도의 사상적 뒷받침이 풍수의 논리에 의해서 이루어졌다고 할 수 있다.

한편 경국대전 공전 재식에는 <경복궁(景福宮)과 창덕궁(昌德宮)의 주산(主山) 및 내맥(來脈)은 산등성이 및 산기슭에서 경작을 금하고, 외산(外山)은 다만 산등성이에서의 경작만을 금한다>라고 하여 도성의 사산에 대한 경작을 금하는 규정이 있었으나 세종 27년 11월 27일, 세종 30년 3월 8일, 문종 원년 6월 26일의 기록에는 금산의 범위가 보다 구체적으로 제시되었다. 이를 살펴보면 동쪽으로 보제원(普濟院) 노원역(盧原驛)까지, 남쪽으로 벌아현(伐兒峴) 청파역(靑坡驛)까지, 서쪽으로 사현(沙峴)까지를 모두 산등성이로 한계를 하였으며 북쪽으로는 주산(主山)의 내맥(來脈)인 삼각산(三角山)과 청량동(淸凉洞) 및 중흥동(重興洞) 이북과 도봉산(道峰山)을 한계로 하였다.

금산을 관리하던 조선전기의 사산감역관은 영조 때에 사산참여군으로 명칭이 변경된다. 사산참여군의 성 밖 외산에서의 금산관리를 순조 8년에 편찬된 『만기요람』을 통해 살펴보면 전기에 비해 서쪽으로 사천(홍제천)을 건너 백연산, 가좌동, 성산동을 잇는 선까지 금산의 범위가 확장되고, 남으로는 한강까지 동으로는 중량천 부근의 산맥까지 대략 성저십리의 범위에 근접한 넓이로 금산이 확대되었음을 볼 수 있다. 또한 18세기에 제작된 것으로 추정되는 사산금표도에 나타난 금산의 공간적 범위는 동쪽은 대보동(大菩洞)에서 흐르는 간수(磵水)에서부터 수유현(水踰峴) 북쪽을 지나서 우이천합류처(牛耳川合流處) 상·하대리(上·下代里), 장위(長位), 송계교(松溪橋), 중랑포(中浪浦)에 이르는 하천을 경계로 하고 남쪽은 중랑포(中浪浦)에서 전관교(箭串橋), 신촌(新村), 두모포(豆毛浦), 용산(龍山)에 이르는 한강을 경계로 하였다. 서쪽은 석관현(石串峴)에서 시위동(時威洞), 사천도(沙川渡), 곡로(谷路), 성산(城山), 망원정(望遠亭)을 지나 마포에 이르는 강을 경계로 하였으며, 북쪽은 대보동(大菩洞) 서쪽에서부터 보현봉(普賢峰), 저서봉(猪三峰), 저서현(猪三峴), 아미산(峨嵋山), 연서(延曙), 구관기리(舊館基里), 석관현(石串峴)을 지나 양천합류처까지 이르는 능선을 경계로 하였다. 이는 세종실록지리지의 성저십리구역[19]과 대체로 일치하는 것으로 문종 때의 금산구역보다 외곽으로 확대된 것을 보여준다.

---

19) 세종지리지의 성저십리(城底十里): 동쪽은 양주(楊州) 송계원(松溪院) 및 대현(大峴)에 이르고, 서쪽은 양화도(楊花渡) 및 고양(高陽) 덕수원(德水院)에 이르고, 남쪽은 한강 및 노도(露渡)에 이른다.

표 9. 태종에서 성종까지의 금산에 관한 『조선왕조실록』의 기사

시 기	범 위	비 고
태 종	종묘(宗廟) 북쪽 산과 백악(白岳)·인왕(仁王)·장의동(藏義洞)	태종 009 05 / 04 / 12(정축)
	남산(南山) 기슭의 궁궐(宮闕)이 내려다보이는 집들을 모두 철거	태종 021 11 / 06 / 02(신묘)
세 종	성밑 10리는 한성부(漢城府)로 하여금 전장(專掌)하여 엄(嚴)히 금하	세종 086 21 / 09 / 08(계축)
세 종	도성(都城) 내외의 산에서 공사간(公私間)에 채석(採石)하는 것을 일체 금단(禁斷) 남산(南山)으로부터 전관산(箭串山)에까지 수구산(水口山)으로부터 왕심역(往心驛) 서쪽까지는 일찍이 경종(耕種)을 금(禁)하였으며, 목역리(木驛里) 이동(以東)의 전관대로(箭串大路)의 벌아현(伐兒峴)으로부터 외면(外面)의 산허리와 산발치까지도 경전(耕田)과 벌초(伐草)를 금	세종 119 30 / 03 / 08(계사)
	도성(都城) 외면(外面)의 사산(四山)에서 아차산(峨嵯山)까지는 모두 나무하고 벌채하는 것을 금하오나, 오직 주산(主山)의 내맥(來脈)인 삼각산(三角山)과 청량동(淸凉洞) 및 중흥동(重興洞) 이북과 도봉산(道峰山)은 금	세종 110 27 / 11 / 27(무술)
문 종	도성(都城)의 사산(四山), 성 밖은 동쪽으로 보제원(普濟院) 노원역(盧原驛)까지, 남쪽으로 벌아현(伐兒峴) 청파역(靑坡驛)까지, 서쪽으로 사현(沙峴)까지를 모두 산등성이로 한계를 삼아서	문종 008 01 / 06 / 26(계사)
성 종	광평 대군(廣平大君) 집의 북쪽 고개에서 주산(主山)에 이르기까지, 노원역(盧原驛) 모퉁이에서 벌아현(伐兒峴)에 이르기까지, 우장산(牛場山) 및 사현(沙峴)에서 청파역(靑坡驛)의 북쪽 고개 산등성마루	성종 007 01 / 09 / 26(신축)
	침장고(沈藏庫) 모퉁이에서 동대문 밖 성밑에 이르기까지	
	노원역(盧原驛) 모퉁이에서 보제원(普濟院) 서쪽의 큰 길	
	주산에서 내려오는 맥과 용호(龍虎) 곧 좌청룡(左靑龍) 우백호(右白虎)와 안산(案山)	
	아차산(峨嵯山)은 곧 국도(國都)를 비보(裨補)하는 땅	성종 016 03 / 03 / 10(병오)
	내외(內外)의 사산(四山)에 경작(耕作)을 금해야 할 땅	성종 018 03 / 05 / 05(신축)
	경성(京城) 안의 4면 산기슭	성종 044 05 / 06#05(무자)
	장원서(掌苑署) 북참(北站)에서 중학(中學)까지 산등성마루의 안팎에다 각각 20척(尺)의 한계를 세워 금지	성종125 12 / 01 / 20(을미)
	장원서의 남쪽 양정(楊汀)의 집 앞길	

15세기의 금산의 경계가 대체로 성저오리와 일치한 반면 18세기 사산금표의 범위는 대체적으로 성저십리와 비슷한 양상을 보인다. 이는 조선전기의 취락이 주로 성저오리 안에 형성되어 있기 때문에 개발의 우려가 있는 범위에서 금산을 설치하였으나 조선후기 한양의 인구가 증가함에 따라 경작지, 취락으로 인한 산맥의 파손의 위협이 커지자 보호범위를 성저십리까지 확대한 것으로 판단된다. 당시의 성저십리안의 인구추이를 살펴보면 세종 10년(1428) 문헌비고에 의하면 한성부의 호구는 성내 五部의 戶가 16,921, 성저의 戶가 1,601로 도합 18,522호였고, 인구는 성내 五部가 103,328명이고, 성저가 6,044명으로 총 109,372명이었다. 그러나 임진왜란과 병자호란을 치른 후 한양의 호구는 크게 감소되어 인조 26년(1648)에 서울의 인구는 95,569명이었다. 그 후 한양의 인구는 계속 증가하여 현종 10년(1669)에 194,030명으로 기록되었으며 영조 8년에는 207,733명, 정조 4년에는 201,070명, 순조 7년에는 204,886명, 헌종 3년 203,925명으로 조선후기의 한양의 인구는 20만 정도를 유지하였다.[20]

---

20) http://stat.seoul.go.kr 참고

표 10. 중종에서 영조까지의 금산에 관한 『조선왕조실록』의 기사

시 기	범 위	비 고
중 종	자수궁(慈壽宮)을 내려다볼 수 있는 곳의 인가(人家)들을 철거하는 일과 산맥(山脈)에서 부석(浮石)을 채취한 사람들을 추고(推考)하는 일	중종 044 17 / 05 / 18(계해)
	동대문 밖에 뿐만이 아니라, 모화관(慕華館) 근처	중종 093 35 / 05 / 01(임진)
	경복궁(景福宮)·창덕궁(昌德宮)의 주산(主山) 및 내맥(來脈)의 등성이와 산기슭은 경작(耕作)을 금하되, 외산(外山)은 등성이만을 금하여 한성부(漢城府)와 사산감역(四山監役)이 단속	중종 023 11 / 01 / 28(경술)
명 종	동대문(東大門) 밖에 조종조부터 있었던 오래된 인가(人家)를 이번에 문을 막고 있는 산줄기를 점거하였다고 하여 모두 철거시키라고 하였습니다.	명종 006 02 / 08 / 13(신묘)
	사산을 적간하고 해당 관리를 추고케 하다	명종 007 03 / 03 / 11(병술)
광 해	사산에서의 벌목금지를 더욱 신칙하게 하다	광해 060 04 / 11#21(경진)
현 종	도성에서 10리 안의 사산(四山)에 소속된 곳	현종 014 09 / 03 / 23(신유)
영 조	동쪽: 대보동(大菩洞)에서 흐르는 간수(磵水)에서부터 수유현(水踰峴) 북쪽을 지나서 우이천합류처(牛耳川合流處) 상·하대리(上·下代里), 장위(長位), 송계교(松溪橋), 중랑포(中浪浦)에 이르는 하천으로 경계 남쪽: 중랑포(中浪浦)에서 전관교(箭串橋), 신촌(新村), 두모포(豆毛浦), 용산(龍山)에 이르는 한강으로 경계 서쪽: 석관현(石串峴)에서 시위동(時威洞), 사천도(沙川渡), 곡로(谷路), 성산(城山), 망원정(望遠亭)을 지나 마포에 이르는 강으로 경계 북쪽: 대보동(大菩洞) 서쪽에서부터 보현봉(普賢峰), 저서봉(猪三峰), 저서현(猪三峴), 아미산(峨嵋山), 연서(延曙), 구관기리(舊館基里), 석관현(石串峴)을 지나 양천합류처까지 이르는 능선으로 경계	사산금표도

　한편 금산에서 규제된 행위를 살펴보면 소나무의 벌목금지[21], 채석금지[22], 장사금지[23], 민가조성 금지[24] 등으로 나타났으며 적극적인 행

---

21) 세종실록 제86권 21년 9월 8일, 예종실록 제4권 1년 3월 6일, 성종실록 제7권 1년 9월 26일, 문종실록 제7권 1년 9월 16일, 명종실록 제8권 3년 6월 17일, 현종실록 제15권 9년 8월 7일, 숙종실록 제9권 6년 7월 8일, 숙종실록 46년 4월 5일
22) 문종실록 제7권 1년 6월 26일, 중종실록 35년 4월 17일, 중종실록 35년 5월 1일, 연산군일기 11년 1월 4일, 중종실록 35년 4월 17일, 인조실록 27년 3월 23일
23) 효종실록 3년 11월 4일, 숙종실록 32년 2월 20일, 영조실록 40년 3월 5일, 정조실록

위는 가장 일반적으로 소나무 식재였다. 『조선왕조실록』의 기록을
살펴보면 조선초기부터 소나무의 보호와 재배에 매우 큰 관심을 가
졌는데 이는 소나무가 지니는 상징적인 의미보다는 건축재료, 구황
식물, 병선의 재료 등으로 자원을 목적으로 조림되었다고 할 수 있
다. 그러나 한양의 금산과 지방의 금산의 목적은 근본적으로 다르다
고 할 수 있는데(이만우, 1974) 한양의 금산에 식재된 소나무는 경
관관리적인 측면이 강했다면 지방 금산에 식재된 소나무는 실용적
인 이용을 위한 측면이 강하다고 할 수 있다.

표 11. 조선왕조실록에 나타난 소나무의 쓰임

소나무의 쓰임	실록 내용	비 고
지맥보호	소나무를 심어서 산맥을 비보(裨補)	문종 007 01 / 04 / 18(병술)
造船재료	선재(船材)는 꼭 송목(松木)을 사용	세종 024 06 / 04 / 17(임술)
	소나무[松木]는 전함(戰艦)을 만드는 재목	세종 058 14 / 12 / 18(계묘)
건축재료	금산(禁山)의 소나무로서 집 지을 재목으로 주고	세종 052 13 / 04 / 09(계묘)
구황식물	구황(救荒)하는 물건으로는 상수리가 제일이고, 소나무 껍질이 그다음	세종 063 16 / 02 / 27(을해)
	소나무의 껍질로 구황할 수 있게 하다	성종 006 01 / 06 / 05(임자)

(2) 금표제도에 따른 민가철거

금산제도가 내외산에 경작, 벌목, 채석을 금했다면 도성 안과 내
외산에 금표를 정해 일정구간에 민가를 조성하지 못하게 했던 제도
가 있었다. 태종 11년 6월 2일, 왕은 성안에 채마전에 남의 집을 짓
는 것을 금하고 남산 기슭의 궁궐이 내려다보이는 집들을 모두 철

18년 11월 19일, 순조실록 32년 7월 8일
24) 중종실록 제24권 11년 4월 11일(임술), 중종실록 제25권 11년 5월 18일(무술), 중종
실록 제26권 11년 10월 7일(을묘), 명종실록 제6권 2년 8월 13일(신묘)

거하라는 명25)을 내린다. 그 이유는 한양 터가 좁다는 것과 궁궐이 바라다 보이는 곳에 민가를 조성하지 말라는 것이다. 태종 15년 9월, 한성부에서는 화재예방을 위해 <사복시(司僕寺)·내자시(內資寺)·군자감(軍資監)·제용감(濟用監)·풍저창 등 각사가 인가가 조밀하고 가까워서 화재가 염려되고, 또 행랑의 북쪽에 인가가 매우 가까이 붙었으므로, 아울러 모두 분간하여 헐어 버리고, 위의 집이 헐린 사람은 자원을 들어서 각 사람이 집을 다 지은 남은 땅과 성 안 각사(各司)·사원(寺院)의 채전(菜田)과 반송방(盤松坊)·반석방(盤石坊)·마을 창고·남전(藍田)·청태전(靑苔田)의 채지(菜地)와 성 안의 사청(射廳)·침장고(沈藏庫)의 채지(菜地)를 나누어 주는 것>을 건의하였는데 태종은 <다음해에 담을 쌓으라>는 명을 한다.26) 또한 세종 8년 2월 2일조에는 <서울의 행랑(行廊)에 방화장(防火墻)을 쌓고, 성내의 도로를 넓게 사방으로 통하게 만들고, 궁성이나 전곡(錢穀)이 있는 각 관청과 가까이 붙어 있는 가옥은 적당히 철거하라>고 명하며, 세종 9년 11월 17일조에는 <성안 도로의 넓고 좁음은, 조종께서 도읍을 세울 때에 이미 정한 것인데, 간특한 백성들이 길을 침범하여 집을 지으므로 연전에 화재가 있은 뒤에 다시 바루기는 하였으나 또 전처럼 침범한 집들이 간혹 있다>하여 성안의 도로를 침범한 가옥의 철거에 대한 가부를 의논하였다.

『조선왕조실록』의 기록들을 볼 때, 태종과 세종 때에는 민가가 조밀하게 있어 화재진압에 어려움이 발생되었다. 따라서 도시계획차원에서 민가철거를 주장했던 것이다. 즉 건국초기의 민가철거의 기능은 적정수준의 토지수용능력과 화재로 인한 대형사고의 위험을 줄이며, 도로, 개천, 궁궐 등의 도시기반시설과 일정거리를 확보함으로

---

25) 태종실록 제21권 11월 6월 2일(신묘)
26) 태종실록 제30권 15년 9월 21일(을묘)

써 도시이미지나 토지이용을 구분하려고 했던 것으로 판단된다.

한편 중종 1년 10월 29일 기사에 의하면 "궁성에서 1백 자 되는 곳에 집 짓는 것을 금지하는 것은 ≪대전(大典)≫에 뚜렷이 실려 있다"라고 기록되어 있는데 이미 세종 때에 이르렀을 때 한양은 토지이용의 한계를 벗어나고 있는 듯하다. 세종 6년 4월 28일의 기사에 의하면 한성부에서 남대문 바깥 반석방, 반송방의 예에 의거하여 동대문 바깥쪽에 민가조성을 허락해 달라는 상소를 올린다.[27] 또한 성종 5년 윤6월 5일의 가사에 의하면 <경성 안의 4면 산기슭에 민가가 많이 조성되어 궁궐을 가깝게 위압하다>고 기록되어 있으며[28], 성종 20년 7월 1일의 기사에는 <국가에서 도읍을 세운 지 이미 1백 년이 되고 백성이 날로 번성하므로 백성의 집이 빽빽이 늘어서서 빈 땅이 없습니다. 창경궁(昌慶宮)·창덕궁(昌德宮) 두 궁 곁의 헐린 백성의 집이 이미 많은데……>라고 기록[29]되어 있어 세종과 성종조에 한양의 인구 및 토지이용이 포화상태에 이루고 있음을 알 수 있다. 이러한 상황 속에서 성종은 <궁궐을 임압하는 집과 산맥과 산등성이의 집을 모두 철거하도록 하였는데 그 수가 1백 99동에 이르렀다>고 기록되어 있다. 하지만 대신들은 지리설의 허망됨을 지적하면서 민가철거를 반대하였다.[30] 그러나 실질적으로는 대부분의 대신들과 그들의 친척집이 철거대상에 포함되고 있기 때문에 스스로의 이해관계에 의해 반대한 것으로 보인다.

반면 이에 대해 성종은 권신들의 사치가 대지부족의 원인임을 내세우고 철거를 통한 산맥과 금기처의 보호의 전례를 들면 가옥철거

---

27) 세종실록 제24권 6년 4월 18일(계해)
28) 성종실록 제44권 5년 윤6월 5일(무자)
29) 성종실록 제230권 20년 7월 1일(정사)
30) 성종실록 제125권 12년 1월 22일(정유)

를 정당화[31]하지만 결국 권신들의 완강한 반대로 인해 가옥 철거를
하는 데 실패하게 된다.[32]

성종의 뒤를 이은 연산군은 도성 안에 표를 세우고 대단위 민가
철거를 감행한다. 『조선왕조실록』의 기록에 의하면 왕의 유희를 위
한 민가철거를 했다는 것이 지배적이지만 성종 때에 민가철거를 시
도했다는 것과 중종과 명종 때에도 계속 민가철거를 둘러싼 논쟁이
이어진 것으로 보아 연산군 때의 민가철거는 한양의 도시계획적 측
면에서 매우 중요한 의미를 지니고 있다.

『연산군일기』를 살펴보면 철거 대상이 된 민가는 궁궐과 인접한 민
가[33]로서 사섬시동(司贍寺洞) 이문(里門)부터 흥덕동(興德洞) 어귀까지
70집, 흥덕동 어귀부터 동소문 북쪽까지 23집, 함춘원(含春苑) 담 밖부
터 사섬시 남쪽 돌담까지 50집[34]이었다. 특히 함춘원은 창경궁의 동쪽
구릉지대로서 현재 서울대학교 의과대학부속병원이 위치한 부근 일대이
다. 일찍이 성종 때에 창경궁(昌慶宮)을 창건하고 동편의 지세(地勢)를
배양하기 위하여 이곳에 나무를 넓게 심고 잡인의 등망(登望)을 금하였
다. 이 함춘원은 궁궐의 부속 동산(東山)으로서 성종·연산군 연간(年間)
에 창경궁을 바라볼 수 있는 고지대의 민가를 철거하면서 이루어졌다.
연산군 때에 들어서는 함춘원 장외(墙外)의 임압민사(臨壓民舍)의 철거
가 더욱 확대되었고[35] 더불어 함춘원 동편인 흥덕동 어귀부터 동소문
북쪽까지 민가를 철거하였다. 이어 연산군 12년에는 함춘원 북쪽에 신
성(新城)을 쌓고 함춘원에서 신성까지 가시울타리를 두르기도 하였다.[36]

---

31) 성종실록 제125권 12년 1월 27일(임인)
32) 성종실록 제126권 12년 2월 8일(임자)
33) 연산군일기 제23권 3년 5월 18일(기미)
34) 연산군일기 제54권 10년 7월 13일(신축)
35) 연산군일기 제54권 10년 7월 23일(신해)
36) 연산군일기 제62권 12년 5월 17일(병신)

그 후 중종이 즉위하여 신성을 철거하고 가혹한 가사(家舍) 철거로 쫓겨난 구거인(舊居人)을 돌아오게 하고 궁장(宮墻) 외의 거주를 허용하였는데[37] 상대적으로 궁궐 임압가(臨壓家)의 철거 완화는 궁궐의 엄숙함과 내원의 심원함을 손상케 하였다.

궁궐에 가까운 민가 외에 철거 대상인 민가는 내사산에 조성된 민가였는데[38] 당시 기록에 의하면 <서울의 인가를 철거한 것이 반이나 되고, 또 동서의 길을 막음으로 인하여 땔나무 할 곳도 없는데, 가시[荊棘] 징납이 성화같이 급하므로 백성들이 괴로움을 견디지 못하였다>라는 기록되어 있다.[39] 또한 연산군 11년 6월 23일의 기사에는 <(생략) 이때부터 성안의 인심이 들끓어, 혹 거짓 전하는 말이, '성안에 사는 사람을 모조리 쫓아내고 숭인문(崇仁門)·돈의문(敦義門)을 궐문으로 삼으므로, 오래 편안할 계책이 없다.'>라고 기록된 것을 보아 당시 한양의 민가철거에 대한 상황을 짐작할 수 있다.

연산군 때의 금표범위를 살펴보면 서쪽은 홍복산(弘福山) 혜음현(惠陰峴)으로부터 공순릉(恭順陵)에 이르기까지와, 동쪽은 수락산으로부터 녹양평(綠楊坪)에 이르기까지를 금하였고[40] 연산군 10년 8월 24일의 기사(記事)에는 황부(黃阜)로부터 동적전(東籍田)의 북쪽 재[岾]에까지, 제단(祭壇) 옆을 지나 보제원(普濟院) 앞내에까지, 또 안암(安庵) 북쪽 산중턱을 지나 도성까지 금표로 정하였다.

또한 연산 10년 10월 10일에는 녹양역(綠楊驛)부터 광릉산(光陵山)·황산(荒山)·묘적산(妙寂山)·광진(廣津)·한강(漢江)·왕심리(往心里) 근처까지 모두 금표 안에 넣었으며 연산 10년 11월 9일에 기사에는

---

37) 중종실록 제1권 1년 10월 9일(갑인)
38) 연산군일기 제55권 10년 8월 23일(경진)
39) 연산군일기 제55권 10연 8월 29일(병술)
40) 연산군일기 제55권 10년 8월 16일(계유)

금표의 범위를 다음과 같이 정하였다.

「동쪽은 한강 삼전도(三田渡)·광진(廣津)·묘적산(妙寂山)·추현(槌峴)·천마산
(天磨山)·마산(馬山)·주엽산(注葉山)으로부터, 북쪽은 석점(石岾)·홍복산(洪福
山)·해유점(蟹踰岾)까지와, 서쪽은 파주(坡州) 보곡현(寶谷峴)까지, 남쪽은 한강
노량진·용산 양화도(陽花渡)까지인데, 동쪽은 70리, 서쪽은 60리, 북쪽은 65리,
남쪽은 10리입니다.」

연산군은 문왕의 유원(囿園)이 사방 70리라는 것을 근거로 동,
서, 남, 북의 금표를 도성으로부터 100리로 정하였는데 연산 11년 6
월 21일 기록을 살펴보면 금표의 범위가 동은 용진(龍津)에 이르고,
남은 용인(龍仁)에 이르고, 북은 대탄(大灘)에 이르고, 서는 임진(臨
津)에 이르러, 서울에서 각각 1백 리로 하였다.

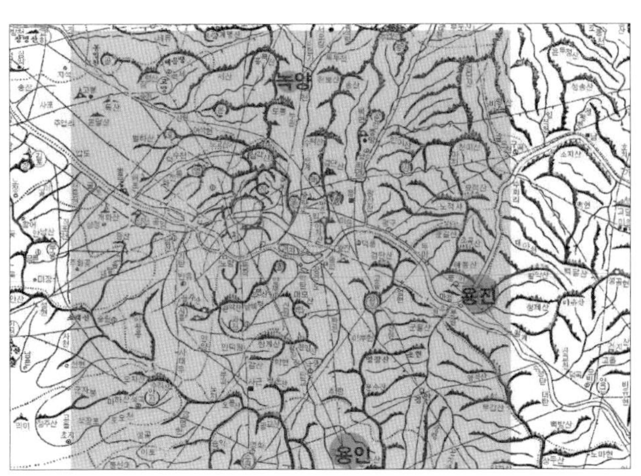

그림 23. 연산군의 금표범위

하지만 이때 민가철거가 단순히 왕의 강무장을 위한 것이거나 유

희만을 목적으로 실시된 것이라 할 수 없다. 왜냐하면 이미 성종 때에도 민가철거에 대한 논의가 있었으며, 중종 또한 민가철거에 대한 강력한 의지가 있었기 때문이다. 따라서 연산군 때의 민가철거는 포화상태에 이른 한양도시개발에 대한 재정비적인 성격도 포함되었다고 할 수 있다.

그러나 연산군의 뒤를 이은 중종은 연산군 때에 철거된 민가를 다시 조성하자는 대신들의 의견에 반대를[41] 하다가 결국 종중 1년 11월 7일 <창의동 등 폐조 때 철거된 인가를 모두 다시 짓는 것>을 허락하게 된다. 그러나 중종 7년에 이르러서는 다시 성안의 사대부들이 집 지을 땅이 없기 때문에 폐사된 터를 주도록 간청을 한다.[42] 그 후 중종 11년에는 금산 및 금표지역에 다시 민가들이 조성됨으로써 철거를 명하지만 다시 대신들의 반대로 인해 민가철거에 대한 왕과 임금과의 논쟁이 시작되고 명종 때까지 그 논쟁이 계속되었다. 당시 종종에서 명종 때에 이르러 지배층의 갈등으로 사화가 빈발하였고 왕권이 약화되면서 국가의 기강이 어지러웠는데 이 틈을 이용해 권신들이 산림을 점유하였고 도성 안의 산림은 거의 권세가의 사유지가 되어 갔다. 이처럼 민가 점유로 인한 금산의 파괴가 가능할 수 있었던 것은 왕권만이 기본적으로 토지를 소유하고 수조권(受租權)만을 분할해 주던 과전법이 세조 12년 이후 점차 붕괴되고 사실상 토지사유지가 진전하였기 때문이라 할 수 있다.(이태진, 1989: 168-173) 따라서 한양의 토지수용을 적정히 하려는 왕의 의지에도 불구하고 금표지역의 이용과 보호 간의 대립은 점차적으로 한양의 토지이용의 한계를 넘어서면서 계속되었다. 이러한 점에서 연산군조의 민가철거는 왕의 유희적인 목적이 있었지만 성종의

---

41) 중종실록 제1권 1년 10월 25일(경오), 중종실록 제1권 1년 10월 29일(갑술)
42) 중종실록 제16권 7년 6월 15일(정사)

뒤를 이어 한양의 적정한 토지이용을 위한 긍정적인 면이 있으며, 중종과 명종 때에 민가철거를 둘러싼 왕과 신하들의 논쟁들이 이를 뒷받침한다고 할 수 있다.

3. 자연환경보전 관련 부서

　　조선시대 자연환경 보전에 관련된 부서는 한성부, 관상감, 병조, 공조, 수성금화사인데 이 중 금산을 관리하는 중추적 기관은 한성부였다.[43] 조선전기에 있어서는 한성부와 병조 혹은 한성부와 공조가 금산을 관리하였는데 성종조를 중심으로 그 이전까지는 한성부와 병조가 금산의 관리를 담당했으며 성종조 이후는 한성부와 공조가 금산관리를 담당한 것으로 보인다.[44] 경국대전에 기록된 한성부는 경도(京都)의 인구장적(人口帳籍)·시전(市廛)·가사(家舍)·전토(田土)·사산(四山)·도로(道路)·교량(橋梁)·구거(溝渠)·포흠(逋欠)·부채(負債)·투구(鬪歐)·주간순찰·검시(檢屍)·거량(車輛)·고실우마(故失牛馬)의 낙계(烙契) 등에 관한 사무를 맡는다고 하였으며 『조선왕조실록』의 기록에 한성부는 도성 안과 성저십리의 금산에서 벌목과 채석을 금지하도록 하였고[45] 금산의 송충이를 제거하였으며[46] 금산을 침범한 건축물을 단속, 철거하였다.[47] 또한 한성부와 함께 금산의 관리를 했던 병조는 <무선사(武選司)>는 무관(武官)·군사(軍士)·잡직(雜

---

43) 세종실록 제86권 21년 9월 8일(계축)
44) 중종실록 제13권 6년 5월 4일(계축)
45) 세종실록 제86권 21년 9월 8일(계축)
46) 중종실록 제81권 31년 4월 3일(정해)
47) 세종실록 제24권 6년 6월 22일(을축)

職)의 임명과 고신(告身)·녹패(祿牌)·부과(附過)·급가(給假) 및 무과(武科) 등의 관한 사무를 맡는다>라고 『경국대전』에 기록되어 있는데 특이하게도 한양금산의 운영에 밀접한 관계를 맺고 있다. 사산과 관련된 병조의 기능은 한성부의 기능과 비슷하게 나타났는데 송충이 잡기, 벌목의 단속48), 채석의 금지49) 등이지만 한성부는 그 관할 구역이 사산이나 성저십리에 한정적인 데 반하여 병조는 그 범위가 지방에까지 확장되어50) 경도에서 한성부가 하는 역할을 대신한다고 할 수 있다. 한편 병조의 사산감역관은 한성부와 함께 금산을 관리하는 전담기구였는데 금산관리에 보다 철저를 기하기 위해 사산감역관의 업무수행을 공조와 한성부가 감찰하여 사산감역관의 근무태만과 각종 부정을 예방하기도 하였다.51) 또한 성종조 이후부터 한성부와 함께 금산의 관리를 맡아본 공조는 산택(山澤)·공장(工匠)·영선(營繕)·도야(陶冶)에 관한 정사(政事)를 맡는다고 경국대전에 기록되어 있는데 수성금화사, 선공감, 장원서 등의 부서를 속아문으로 거느리고 있었다. 『조선왕조실록』에서 사산과 관련된 공조의 활동은 사산의 벌목금지52), 채석금지53), 금산을 침범한 시설이나 행위의 적발 및 처벌 등이었다.54) 또한 예조에 소속된 관상감의 풍수학은 금산지역의 지정 및 재조정과 같은 금산 관리에 대한 정책을 수행하였으며55) 예조도 금산의 관리항목을 작성하는 등 금산관리에 직, 간접

---

48) 세종실록 제18권 4년 윤 12월 22일(을해)
49) 세조실록 제31권 9년 10월 22일(정미)
50) 태종실록 제17권 9년 2월 12일, 세종실록 제121권 30년 8월 27일. 세종실록 제24권 6년 4월 28일
51) 성종실록 제11권 2년 8월 29일(기사)
52) 성종실록 제50권 5년 2월 8일(기축)
53) 문종실록 제8권 1년 6월 26일
54) 중종실록 제93권 35년 4월 17일(무인)
55) 문종실록 제7권 1년 4월 18일(병술), 성종실록 제18권 3년 5월 5일(신축), 명종실록 제4권 1년 10월 1일(을유)

적으로 가담하였다. 그 외 한성부, 병조, 공조 이외에도 사헌부, 형조, 의금부, 승정원 등에서 금산을 침범한 사람을 처벌하고 금산 관리자의 업무수행을 감찰하였다.56)

따라서 성저십리 및 금산과 관련된 자연보호 관련 부서는 한성부, 공조, 예조, 병조, 의금부 등이 관여하고 있으며, 주로 한성부 및 공조 소속의 행정기구를 중심으로 이루어졌지만 그 외에도 병조는 공사 및 자연환경 관리에 필요한 노동력을 충당했으며 예조는 예전적 절차를 마련하는 등 직간접적인 행정부서의 협력이 있었다고 할 수 있다.

---

56) 세종실록 제86권 21년 9월 8일(계축), 세종실록 제114권 28년 11월 16일(을축), 중종실록 제93권 5월 1일(임진), 5월 12일(계묘)

결 론

결 론

조선시대 한양에 나타난 비보풍수는 자연조건을 보완하고 조절하면서 이상적인 터를 조성하고자 했던 노력이다. 현대적으로 이야기하자면, 도성의 주맥을 보호하고 숲을 조성하는 것은 그린네트워크라 할 수 있고, 내외사산의 보전과 일체 행위의 금지는 국립공원관리와 그 맥락을 같이 하며, 도심지 일정지역에 민가조성이나 사람들의 행위를 금지하는 것은 그린벨트라 할 수 있다. 이러한 비보풍수는 자연을 명백히 파악하고 그 결점을 보완하는 것으로 현대의 경관디자인이나 조경계획 및 생태계획이라 해도 과언은 아닐 것이다.

한양의 주변 환경에 대한 보호는 원칙적 범위로는 대체적으로 내사산(內四山)을 연결시키는 도성 안과 도성 밖 10리까지라 할 수 있으며, 이 지역에 대한 행위규제는 내사산(內四山)과 외사산(外四山)에 대한 보호를 위한 행위 규제와 도성 안의 주요 지역에 민가조성에 대한 금지, 도성주맥의 보호, 명당수 관리라 할 수 있다. 이를 시계열적으로 살펴보면 성저지역에 대한 통제는 세종에서 중종 때까지 주로 나타나고 있으며 연산군 때에는 금표의 범위가 한양

100리까지 확장되었다가 그 뒤에는 금산 및 금표제도의 법적인 실효성이 점차적으로 사라지는 양상을 보이고 있다. 이러한 결과는 왕실과 사대부 간의 정치적, 경제적인 갈등 관계에서 파생되는 것이라 사료되며, 대체적으로 왕권이 강화된 시기에는 도성의 환경에 대한 보호도 강화되었다고 할 수 있다.

이에 대해 보다 구체적으로 살펴보면 다음과 같은 연구결과로 요약될 수 있다.

첫째, 『조선왕조실록』에서 한양의 입지평가 논쟁을 살펴본 결과, 한양이 지니는 결점은 공통적으로 ① 명당수의 부족 ② 완벽히 위요되지 않은 형국(북악의 좌우, 인왕산에서 남산사이, 낙산 및 동쪽의 낮은 지형지세) ③ 수구의 공결함으로 나타났으며, 이에 대한 비보풍수는 크게 형국을 만들어 가려 했던 장풍형 비보풍수와 명당수에 관한 득수형 비보풍수로 구분된다.

둘째, 장풍형 비보풍수는 도성의 주맥을 보호하기 위한 것과 동서남북의 형국을 유지함으로써 위요성을 도모하는 것으로 나타났는데 적극적인 방법으로는 숲을 조성하고 민가를 철거했으며 소극적인 방법으로는 숙청문과 장의문을 폐쇄하여 사람의 통행을 막는 것으로 나타났다. 또한 득수형 비보풍수는 조선초기부터 문제시되었던 명당수의 확보를 위한 것과 수구의 공결함을 막는 것으로 나타났는데 명당수 확보를 위해서 도성의 동서남북에 연못을 조성했으며 수구의 공결함을 보충하기 위해 종묘의 남쪽과 수구문에 가산을 조성했다.

한편 명당수의 정화에 대해서는 세종 때 논의가 있었으나 당시 개천은 단순히 하수처리 기능으로 인식되어 실현되지 못하였으나 영조 때에 개천의 범람과 오염정도가 심해져 대대적인 준설공사를 감행하였다.

셋째 조선시대에는 성저십리에 대한 보호정책이 법제화되었는데 크게 내외사산을 보호하려는 금산제도와 도성 내의 주요 지점에 민가조성을 규제하는 것으로 나타났다. 금산의 범위는 성저십리의 범위와 거의 동일하게 나타났으며 주요 관청은 한성부를 중심으로 공조, 예조, 호조, 의금부, 사헌부 등 조선시대 주요 행정기관이 직간접적으로 관여하였다.

넷째 성종 때에 한양은 이미 주택이 포화상태에 이르자 금표 안의 민가철거에 논의가 있었으나 대신들의 반대로 실현되지 못하였다. 그러나 성종의 뒤를 이은 연산군 때에는 궁궐을 임압하는 민가들을 모두 철거시킴으로서 도시의 재편성이 이루어졌으나 중종과 명종 때에는 그 규제가 완화되어 다시 궁궐을 임압하는 민가들이 조성하게 되었다. 이러한 것으로 볼 때 도성 안의 금표제는 왕권의 강화와 매우 밀접한 관계라 할 수 있으며 조선후기에는 금표제에 대한 왕실의 권위가 실효를 거두지 못한 것으로 나타났다.

[참고문헌]

■ 사 료

조선왕조실록CD-ROM(1997). 서울시스템(주)
세종실록지리지
신증동국여지승람
한경지략

■ 연구논문 및 단행본

강병기·최종현·임동일(1995). 도성 주요시설의 입지·좌향에 있어 산의 도입에 대한 시각적 특성 해석의 시론. 대한 국토 도시계획학회지. 제30권 4호. pp.251-264.

권태환·신용하(1977). 조선왕조시대 인구추정에 관한 일식론, 동아문화 14, 서울대 동아문화연구소 p.299, 324 참고.

권태환, 전광희, 은기수(1997). 서울의 전통 이해. 서울시립대학교 부설. 서울학연구소.

金哲注(1984) 韓國 城郭都市의 形成 發展過程과 空間構造에 觀한 研究, 홍익대학교 박사학위 논문.

金炯萬·金哲洙(1982) 한국 성곽도시의 발전과 공간패턴에 관한 연구, 국토계획, 제16권 2호. pp.85-100.

金炯萬·金哲洙(1984)) 한국성곽도시의 공간구성원리와 기법에 관한 연구, 국토계획, 제19권 1호. pp.3-18.

김동찬, 김진성(2000) 풍수 형국론이 갖는 의미의 입지적 특성에 관한 연구. 한국정원학회지. 제18권 1호. pp.1-8.

김두규(2000). '국역 조경'으로서의 비보풍수 연구. 한국정원학회지. 제18권 4호. pp.39-47.

김두규(2000). 조선 풍수학인의 생애와 논쟁. 궁리출판사.

김두규 역(2001). 호순신의 지리신법, 장락출판사.

김두규·김용기·김현욱(2001). 풍수지리 관점으로 해석한 귀래정 입지에 관한 연구.

한국정원학회지 제19권 4호. pp.39-46.

김두규 역(2002). 명산론, 비봉출판사.

김재식·안영배(1995) 전남 승주군 조계산 선암사의 택지에 관한 연구. 대한건축학회 논문집. 제11권 6호. pp.81-89.

김한배·박찬용(1986) 조선왕조시대의 도읍경관체계연구(Ⅱ). 한국조경학회지. 제12권 1호. pp.23-47.

김한배(1994). 한국도시경관의 변천특성에 관한 연구, 서울시립대학교 대학원 박사학위논문.

김현욱(1999). 조선왕조실록 분석을 통한 양궐의 공간이용행위에 관한 연구. 성균관 대학교 대학원. 석사학위논문.

김현욱·김용기·최종희(2000). 조선왕조실록분석을 통한 경복궁과 창덕궁 후원의 공간이용행위에 관한 연구. 한국정원학회지 제18권 3호. pp.41-50.

김현욱·김두규·김용기(2002). 조선왕조실록 분석을 통한 한양의 비보풍수 유형에 관한 연구. 한국정원학회지 제20권 3호.

박경룡(1995). 개화기 한성부 연구, 일지사.

박경복·심우경(2000). 고도읍의 공간구조분석, 한국정원학회지. 제18권 1호. pp.9-19.

박시익·이정덕(1986). 풍수지리설의 산형태의 해석 정리에 관한 연구. 대한건축학회 논문집. 제2권 4호 pp.3-11.

孫禎睦(1973). 풍수지리설이 도읍형성에 미친 영향에 관한 연구, 도시문제, 제8권 11호. pp.57-103.

孫禎睦(1977). 『조선시대 도시사회연구』일지사.

양보경. 1994. 조선후기 서울의 인구 및 행정구역, 서울의 경관변화. 서울시립대학교 부설 서울학연구소 pp.159-196.

원영환, 1985. 朝鮮時代 漢城府研究. 성균관대학교 박사학위논문.

이규목·장동수(1992). 환경계획으로서의 풍수적 의미에 관한 연구. 서울시립대학교 수도권개발연구소 연구논총 제18권 1호. pp.103-114.

이몽일(1991). 한국 풍수사상사 연구. 일조사.

李丙燾(1938). 李朝初期의 建都問題, 震檀學報, 제9권, pp.30-85.

李丙燾(1954). 高麗時代 研究. 乙酉文化史. pp.301-305.

이숭녕(1985). 한국의 전통적 자연관. 서울대학교 출판부.

이원교(1992). 전통건축의 배치에 대한 지리체계적 해석에 관한 연구. 서울대학교 건축학과 박사학위논문.

이원명(1984). 한양천도 배경에 관한 연구, 향토서울, 제42집. pp.104-107.

이태진(1994). 조선시대 서울의 도시발달 단계, 서울학연구 창간호, 서울시립대학교 부설 서울학연구소.

任德淳(1984). 한양이 조선수도로 선정된 이유: 정치지리학적 접근, 충북대학교논문집. 제27집. pp.361-371.

任德淳(1994). 600년 수도 서울. 지식산업사.

정기호(1990). 풍수의 현대적 조명. 특히 경관해석적 역할과 기능을 생각해 보면서. 한국조경학회지. 제17권 1호. pp.100-101.

정기호·김용기(1995). 초기 한양도성계획의 도형적 해석에 관한 연구. 한국조경학회지. 제22권 4호. pp.119-132

정성태·정기호(2001). 학술연구에 나타나는 풍수의 시계열적 연구 경향. 한국정원학회지. 제18권 3호. pp.22-29.

崔 棟(1972). 한양천도와 신도의 건설. 한국학연구총서(二). 성진문화사. pp.160-187.

최원석(2000). 영남지방의 비보. 고려대학교 대학원. 박사학위논문

최창조·박영환(1978) 풍수에 대한 지리학적 해석: 양기풍수를 중심으로, 지리학. 제 17호. 대한지리학회. pp.21-39.

최창조(1984). 한국의 풍수사상. 민음사.

최창조(1998). 한국의 자생풍수 1.

한영우(1988). 한양정도의 민족사적 의의. 향토서울. 제45집

현중영·박찬용(1997) 풍수지리의 시각적 구조의 과학적 분석과 해석. 한국조경학회지. 제25권 1호. pp.124-134.

현중영·박찬용(1998) 조선시대 전통주택 풍수의 좌향－양동마을에 관한 사례연구. 한국정원학회지. 제16권 3호. pp.55-62.

김현욱

학 력
  우석대학교 조경학과 졸업
  성균관대학교 대학원 조경학 석사
  성균관대학교 대학원 조경학 박사

경 력
  한국전통조경학회 이사
  현 우석대학교 조경도시디자인학과 겸임교수

연구논문
  「조선왕조실록 분석을 통한 경복궁과 창덕궁 후원의 공간이용행위에 관한 연구(2000. 9)」
  「조선시대 상류주택 누마루의 변천과정 및 특성에 관한 연구(2001. 9. 30)」
  「풍수지리 관점으로 해석한 귀래정 입지에 관한 연구(2001. 12. 31)」
  「조선왕조실록에 나타난 한양의 비보풍수에 관한 연구(2002. 9. 30)」
  「A Study on the fine locational factor for Capital by Annals of the Joseon Dynasty(2005. 11.30)」
  「A Criticism and Tendency on the Modern Landscape Architecture from the of Traditional Landscape Architectural Culture(2005. 12. 30)」
  「A Criticism and Tendency on the Modern Landscape Architecture from the of Traditional Landscape Architectural(2006. 3. 31)」

「콩쥐팥쥐 동화마을' 입지타당성 확보를 위한 역사지리학적 고증 연구
(2006. 3. 31)」
「농촌마을 가꾸기 경진대회 참여 마을의 농촌관광 성과분석(2006. 09)」
「조선왕조실록에 의한 한양의 입지와 도성관리(2004. 10. 9)」
「조선왕조실록에 나타난 한양의 조경공사(2005. 11. 5)」
「조선시대 한양의 입지선정요인에 관한 연구(2004. 12. 31)」
「시문분석을 통해 본 궁궐과 정자의 특성에 관한 연구(2003. 12. 31)」
「콩쥐팥쥐 동화마을 기본계획(2005. 10)」
「정읍도심활성화를 위한 기성시가지 정비기본계획(2004. 12)」
「김제동헌역사문화지구개발계획(2005. 3)」

한양의 비보풍수와 녹지보전정책

• 초판 인쇄	2007년 1월 10일
• 초판 발행	2007년 1월 10일
• 지 은 이	김현욱
• 펴 낸 이	채종준
• 펴 낸 곳	한국학술정보㈜
	경기도 파주시 교하읍 문발리 526-2
	파주출판문화정보산업단지
	전화　031) 908-3181(대표)·팩스　031) 908-3189
	홈페이지　http://www.kstudy.com
	e-mail(출판사업팀사업부)　publish@kstudy.com
• 등　　록	제일산-115호(2000. 6. 19)
• 가　　격	7,000원

ISBN　978-89-534-6302-8 93380 (Paper Book)
　　　　978-89-534-6303-5 98380 (e-Book)